电子商务与网络营销

陆军毅◎著

吉林出版集团股份有限公司

图书在版编目（CIP）数据

电子商务与网络营销/陆军毅著.—长春：吉林出版集团股份有限公司,2020.4
ISBN 978-7-5581-8327-0

Ⅰ.①电… Ⅱ.①陆… Ⅲ.①电子商务－网络营销
Ⅳ.① F713.365.2

中国版本图书馆 CIP 数据核字 (2020) 第 047564 号

电子商务与网络营销

著　　者	陆军毅
责任编辑	齐　琳　姚利福
封面设计	李宁宁
开　　本	787mm×1092mm　1/16
字　　数	206 千
印　　张	11.25
版　　次	2021 年 3 月第 1 版
印　　次	2023 年 4 月第 2 次印刷
出　　版	吉林出版集团股份有限公司
电　　话	010-63109269
印　　刷	炫彩（天津）印刷有限责任公司

ISBN 978-7-5581-8327-0　　　　　　　定价：68.00 元

版权所有　侵权必究

前　言

随着信息技术、网络技术、通信技术的飞速发展，网络经济日益兴起，电子商务逐渐成为网络经济的主要内容。它预示着一场贸易革命甚至经济革命的开始，正改变着经济和社会的运作方式，极大地影响国际经贸关系的发展。

在市场营销研究领域中，面对新的环境，营销的理论和方法又进入了一个全新的变革时期。对于企业界来说，网络经济环境下全新的交易模式，改变了企业与企业、企业与消费者之间的关系，对消费者的购买行为也产生了极大的影响。近年来，随着支付与物流环节越来越流畅，互联网逐渐成为网购的重要渠道。消费者通过网络购物平台购买的产品范围不断扩大，种类从手机、电脑等高端产品延伸到低端的服装、化妆品、居家用品等，销售规模迅速扩大。可以说，目前我国网络购物已经进入高速增长期，中国的互联网经济发展空间巨大，电子商务、网络营销必将成为企业、个人进军网络经济的重要工具。

"电子商务""网络营销"课程是高校电子商务专业和信息管理专业的核心课程，也是工商管理类专业的主要课程。随着网络技术的飞速发展，商务活动的电子化的优越性显而易见，传统的商务交易方式正向网上商务方向演变。本书阐述了电子商务、网络营销的基本理论，重点介绍了电子商务、网络营销的实用方法，突出电子商务、网络营销在商务活动中的实际应用和原理。

鉴于编者水平有限，特别是对电子商务、网络营销内容进行新的融合尝试，书中难免有不当之处，敬请广大读者批评指正。

编　者
2020 年 3 月

目 录

第一章 电子商务概述 …………………………………………… 1
第一节 电子商务的概念和本质 ………………………………… 1
第二节 电子商务的框架与体系结构 …………………………… 5
第三节 电子商务交易模式分析 ………………………………… 16

第二章 电子商务与物流 ………………………………………… 28
第一节 电子商务与物流概述 …………………………………… 28
第二节 电子商务与物流配送 …………………………………… 31
第三节 电子商务与第三方物流服务 …………………………… 33
第四节 电子商务中的物流问题及虚拟供应链管理 …………… 38
第五节 我国电子商务物流的发展 ……………………………… 46

第三章 网络营销基础 …………………………………………… 50
第一节 网络营销解读 …………………………………………… 50
第二节 网络营销组合策略 ……………………………………… 58

第四章 营销型网站的搭建与策划 ……………………………… 70
第一节 解密营销型网站 ………………………………………… 70
第二节 网站的蓝图规划 ………………………………………… 74

第五章 网络营销常用的工具与方法 …………………………… 97
第一节 网络营销的常用工具 …………………………………… 97
第二节 网络营销的常用方法 …………………………………… 99

第六章 网络营销目标市场 ·········· 105

    第一节 网络营销市场细分概述 ·········· 105
    第二节 网络市场细分理论 ·········· 107
    第三节 网络消费者分析 ·········· 115
    第四节 网络目标市场定位策略 ·········· 118

第七章 网络营销方式 ·········· 122

    第一节 交互式营销 ·········· 122
    第二节 搜索引擎营销 ·········· 125
    第三节 电子邮件营销 ·········· 134
    第四节 网络视频营销 ·········· 143
    第五节 其他网络营销方式 ·········· 147

参考文献 ·········· 171

第一章 电子商务概述

第一节 电子商务的概念和本质

一、电子商务的定义

到目前为止,还没有一个较为全面的、具有权威性的能够为大多数人广为接受的电子商务的定义。各政府部门、行业协会、IT 公司以及专家学者从不同的角度提出了各自的见解。

比较这些定义,有助于我们更全面地了解电子商务。

(一)世界电子商务会议关于电子商务的定义

1997 年 11 月 6 日至 7 日在法国首都巴黎,国际商会举行了著名的世界电子商务会议,全世界商业、信息技术、法律等领域的专家和政府部门代表共同讨论了电子商务的概念问题。在此期间与会代表提出了关于电子商务最权威的概念阐述:电子商务,是指对整个贸易活动实现电子化。从涵盖范围方面可以定义为:交易各方以电子交易方式而不是通过当面交换或直接面谈方式进行的任何形式的商业交易。从技术方面可以定义为:电子商务是一种多技术的集合体,包括交换数据(如电子数据交换、电子邮件)、获得数据(共享数据库、电子公告牌)以及自动捕获数据(条形码)等。该定义已覆盖了电子商务所包含的所有业务范围,包含信息交换、售前售后服务、销售、支付、组建虚拟企业、公司和贸易伙伴可以共同拥有和运营共享的商业方式等。

(二)各国政府和各种国际性组织的定义

加拿大和美国是世界上最早开展电子商务的两个国家,其电子商务协会是最早给出电子商务定义的组织之一。加拿大电子商务协会给出了电子商务的较为严格的定义:电子商务是通过数字通信进行商品和服务的买卖以及资金的转账,它还包括公司间和公司内利用电子邮件(E-mail)、电子数据交换

（EDI）、文件传输、传真、电视会议、远程计算机联网所能实现的全部功能（如市场营销、金融结算、销售以及商务谈判）。该定义强调了电子商务不是传统商务的区别在于使用电子方式而不是物理接触方式，同时指出了电子商务的业务范围为"公司间和公司内的全部功能"。而美国政府在其"全球电子商务纲要"中，比较笼统地指出电子商务是通过 Internet 进行的各项商务活动，包括广告、交易、支付、服务等活动，全球电子商务将涉及世界各国。

联合国经济合作和发展组织（OECD）在有关电子商务的报告中对电子商务（EC）的定义为：电子商务是发生在开放网络上的包含企业之间、企业和消费者之间的商业交易。全球信息基础设施委员会（GHC）电子商务工作委员会报告草案中对电子商务定义如下：电子商务是运用电子通信作为手段的经济活动，通过这种方式人们可以对带有经济价值的产品和服务进行宣传、购买和结算。这种交易的方式不受地理位置、资金多少或零售渠道的所有权影响，公有、私有企业，政府组织，各种社会团体都能自由地参加广泛的经济活动，其中包括农业、林业、渔业、工业、私营和政府的服务业。电子商务能使产品在世界范围内交易并向消费者提供多种多样的选择。

（三）IT 公司的定义

IT 行业是电子商务的直接涉及者和设备的直接制造者，许多公司根据自己的技术特点给出了电子商务的定义。

IBM 公司是著名的电子商务解决方案提供商。它把电子商务称为"电子业务"（E-Business），并给出了如下的电子商务定义公式：E-Business=WET+IT+Business。该定义包括三个部分：企业内部网、企业外部网以及利用 Internet 技术和原有的系统结合起来进行业务活动。它所强调的是在网络计算环境下的商业化应用，不仅仅是硬件和软件的结合，也不仅仅是我们通常意义下的强调交易的狭义的电子商务，而是把买方、卖方、厂商及其合作伙伴在 Internet、企业内部网和企业外部网结合起来的应用。因而，一个企业建设电子商务是有步骤、有次序的。首先必须建立起企业内部网络，实现企业内部各部门之间的完全沟通和数据共享；其次应着力于构建与企业贸易伙伴之间的外部网，实现供应链的整合功能；最后才能把其业务扩展到 Internet，成为真正的电子商务企业。

惠普公司提出电子商务、电子业务、电子消费和电子化世界的概念。它对电子商务的定义是：通过电子化手段来完成商业贸易活动的一种方式，电子商务使我们能够以电子交易为手段完成物品和服务等的交换，是商家和客户之间的联系纽带。它包括两种基本形式：商家之间的电子商务及商家与最终消费者之间的电子商务。对电子业务（E-business）的定义：一种新型的业务开展手段，通过基于 Internet 的信息结构，使公司、供应商、合作伙伴和客户之间，利用电子业务共享信息，E-Business 不仅能够有效地增强现有业务进程的实施，而且能够对市场等动态因素作出快速响应并及时调整当前业务进程。更重要的是，E-Business 本身也为企业创造出了更多、更新的业务动作模式。人们使用信息技术进行娱乐、学习、工作、购物等一系列活动，使家庭的娱乐方式越来越多地从传统电视向 Internet 转变。

Sun 公司则简单地认为电子商务就是利用 Internet 网络进行的商务交易，在技术上可以给出如下定义：

（1）在现有的 Web 信息发布的基础上加上 Java 网上应用软件以完成网上公开交易。

（2）在现有的企业内部交互网的基础上，开发 Java 的网上企业应用，达到企业应用 Internet 化，进而扩展到外部 Extranet，使外部客户可以使用该企业的应用软件进行交易。

（3）电子商务客户将通过包含 PC、STB（Set Top Box，即网络电视机顶盒）、电话、手机、PDA Java 设备进行交易。

可以看出，该定义过分强调 Java 技术的重要性，具有一定的局限性。

（四）权威学者的定义

美国学者瑞维·卡拉科塔和安德鲁·B.惠斯顿在他们的专著《电子商务的前沿》中提出："广义地讲，电子商务是一种现代商业方法。这种方法通过改善产品和服务质量、提高服务传递速度，来满足政府组织、厂商和消费者的降低成本的需求。这一概念也用于通过计算机网络寻找信息以支持决策。一般地讲，今天的电子商务通过计算机网络将买方和卖方的信息、产品和服务器联系起来，而未来的电子商务则通过构成信息高速公路的无数计算机网络中的一条将买方和卖方联系起来。"

方美琪教授认为：从宏观上讲，电子商务是通过电子手段建立的一种新经济秩序，它不仅涉及电子技术和商业交易本身，而且涉及诸如金融、税务、教育等社会其他层面；从微观角度说，电子商务是指各种具有商业活动能力的实体（生产企业商贸企业、金融机构、政府机构、个人消费者等）利用网络和先进的数字化传媒技术进行的各项商业贸易活动。这里特别强调两点：一是活动要有商业背景；二是网络化和数字化。

综上所述，现有关于电子商务的定义虽各有差别，但多数定义还是将电子商务限制在使用计算机网络进行的商业活动。这是有一定道理的，因为只有在 Internet 出现并迅速普及的条件下，才形成了电子商务概念并得到如此广泛的重视，也使商业模式发生了根本性转变。它们都强调电子工具，强调在现代信息社会，利用多种多样的电子信息工具，如 POS（收款机）、EOS（电子订货）、EDI（电子数据交换）、E-mail（电子邮件）、EFT（电子货币）、BBS（电子公告系统）、Bar-code（条码）等系列化、系统化工具的应用；同时工具作用的基本对象都为商业活动。

我们认为，理解电子商务至少应包含以下几层含义：

（1）采用多种电子方式，特别是通过 Internet；

（2）实现商品交易、服务交易（其中包含人力资源、资金以及信息服务等）；

（3）包含企业间的商业活动，也包含企业内部的各种商务活动（生产、供应、销售、财务以及人力资源等）；

（4）涵盖交易的各个环节，如商品查询、询价报价、签订活动、物流配送以及售后服务等；

（5）采用电子方式只是形式，跨越时空、提高效率是主要目的。

在此基础上，结合各种已有的电子商务的定义，我们针对电子商务作出如下的定义：电子商务是各种具有商业活动能力的实体（生产企业、商贸企业、政府机构、个人消费者等）为了跨越时空限制，提高商务活动的效率，从而采用计算机网络和各种数字化传媒技术等电子方式实现商品交易和服务交易的一种贸易形式。

二、电子商务的本质

电子商务是伴随着计算机网络化出现的新事物，然而，电子商务的迅速发展和普及是以商品的交换为中心来展开的。

从社会再生产的过程看，在生产、分配、交换、消费这个链条中，变化最快、最活跃的就是分配、交换这些中间环节，而其中又以交换最甚。即商品的生产是为了交换——用商品的使用价值去换取商品的社会价值，围绕交换必然产生流通、分配等活动，交换连接了生产和消费。因特网的出现为社会再生产这一过程提供了新的交换工具和交换通道。也就是说，电子商务并没有改变社会再生产的过程，也没有使生产、分配、交换、消费这些环节的地位发生变化，而是为社会再生产过程的顺利实现提供了更有力的保障。电子商务是商品交换的新工具和通道，使商品交换在更快、更经济的程度上进行。传统商务中商品从厂商向最终消费者转移是以商流的形式进行，分别通过信息流、物流、资金流来完成。电子商务通过加速信息流，可大幅度地减少不必要的商品流动、物资流动、人员流动和货币流动。所以，电子商务提高了商流的效率，降低了商流的成本。市场经济的本质要求竞争自由化，局部利益的推动会导致市场竞争秩序的紊乱，致使有限的经济资源遭滥用。而价格及供求市场的调节机制，由于信息传导的滞后，往往使资源的浪费不可避免。电子商务以传统商务无法比拟的速度在厂商之间、厂商和消费者之间便利地进行信息交换，在很大程度上减少了市场的盲目性，使经济资源得到更合理的配置。因而，电子商务符合市场经济的本质要求，也符合资本追逐利润最大化的要求。

无论是从社会再生产的过程看，还是从商品流通以及商品经济的本质来看，电子商务都是通过加速信息的交换来最终实现商品交换。所以，电子商务是以信息交换为中心的商品交换。

如果说人类使用铁器作为工具开始了农业革命，发明了蒸汽机进入了工业革命时代，那么，目前使用电子工具作为商品交换手段的变革则可以称之为"商业革命"。电子商务作为一种崭新的生产力，在它的直接作用和间接作用下，产业经济、国民经济乃至世界经济正生长出许多新的增长点。相比人类历史上使用铁器开始的农业革命和使用蒸汽机开始的工业革命，当今使用电子工具开始的这场商业（流通）革命将会对人类社会经济产生更加深远的影响，对人类社会进步发挥更大的作用。

电子商务是商务活动的新生产力。电子商务具有明显的生产力特征：
（1）强调生产工具是系统化、现代化的电子工具，即充分利用计算机网络、利用 Internet、Intranet 和 Extranet 等高效率、低成本的生产工具。
（2）劳动者是既掌握现代信息技术又掌握商务规则和技巧的知识复合型人才。
（3）劳动对象已不再是传统商务中的实物商品、纸介质资料文档等，而是虚拟化的商品信息，计算机化的各种数据资料的采集、存储、加工和传输等。

综上所述，电子商务的本质是使用电子工具为手段、以信息交换为中心的商业革命，是推动社会经济发展的新生产力。

第二节 电子商务的框架与体系结构

一、电子商务的交易流程

交易流程是指具体从事一个商贸交易过程中的实际操作步骤和处理过程。借助网络进行电子交易是电子商务实施的重要环节。其交易事务主要包括：

交易前准备、交易磋商、合同签订、支付与清算等环节。与传统的交易流程相比，通信、计算机、电子支付以及安全等现代信息技术是其实现的保证。

（一）交易前准备

交易前的准备主要是指买卖双方在交易合同签订之前的一系列准备活动。在电子商务过程中，卖方通过 Internet 上的各种贸易网络发布商品广告，召开新闻发布会，全面进行市场调查和市场分析，及时了解用户的各种需求，并且积极在网上推出自己的商品信息，寻找贸易伙伴和交易机会，扩大贸易范围和商品所占的市场份额；买方则根据自己要买的商品，准备购货款，制订购货计划，进行货源市场调查，了解各个卖方国家的贸易政策从而确认或修改购货计划，然后随时通过 Internet 查询其所需要的商品信息。推拉互动，买卖双方共同完成商品信息的供需实现。在电子商务系统中，信息的交流过程通常都是通过网站来实现的，其效率是传统方法无法比拟的。

同时，其他参加交易的各方，如中介、银行金融机构、信用卡公司、物流公司等也都要为电子商务的交易做好准备。

（二）交易磋商和签订合同

交易磋商是指买卖双方对所有交易细节进行谈判，签订合同则是将双方磋商的结果以书面文件的形式确定下来。在传统商业贸易中，交易磋商过程往往都是贸易单证传递的过程，这些单证均反映了商品交易双方的价格意向和要求以及详细的商品供需信息。单证的传递是交易磋商中费时费力的过程，传真虽然能达到直接传递纸面单证的目的，但由于毕竟和原件有区别，并且根据一些国家的法律，不能单凭传真件证明案件中的相关事实，因此传统交易形式对于邮寄有很强的依赖性，这大大降低了交易磋商的效率。

在电子商务中，整个交易磋商的过程可以在网络和信息系统的支持下完成。原来交易磋商中的单证交换过程，在电子商务环境下演变为记录、文件和报文在网络中的传递过程，各种各样的电子商务系统和专用数据交换协议自动保证了网络信息传递的准确性和安全性。各类商务单证文件，如商品目录、报价单、订购单等在电子商务中变成了标准报文格式，从而大大提高了整个交易过程的效率，减少了交易的漏洞和失误。

在电子商务中，合同的签订也不再以传统法律要求的文件形式存在，而是以电子合同的方式存在。因为网络协议和应用系统自身已经保证了所有交易磋商日志文件的确定性和安全可靠性，所以买卖双方都可以通过磋商文件来约束交易行为和执行磋商结果。

（三）结算支付

买卖双方签订电子合同后，交易行为将涉及包括中介方、银行金融机构、信用卡公司、海关系统、商检系统、保险公司、税务公司、运输公司等相关各方。买卖双方要通过电子商务相关的各方进行各种电子票据和电子单证的交换，用来办理与贸易相关的各种手续和最重要的是电子支付环节。

商家把买方的支付指令通过支付网关（负责将持卡人账户中的资金转入商家账户的金融机构，由金融机构或第三方控制，处理持卡人购买和商家支付的请求）送往商家的收单行，收单行通过银行卡网络从发卡行（消费者开户行）取得授权后，把授权信息通过支付网关送回商家，商家取得授权后，向消费者发送购物回应信息。在这个过程中，认证机构需分别向持卡人、商家和支付网关发出持卡人证书、商家证书和支付网关证书。三者在传输信息时，要加上发出方的数字签名，并用接收方的公开密钥对信息加密。这样，实现商家无法获得持卡人的信用卡信息，银行无法获得持卡人的购物信息，同时保证商家能收到货款和进行支付。

二、电子商务的一般框架

电子商务的交易过程是建立在一般框架基础之上的。电子商务的一般框架是指电子商务活动环境中所涉及的各个领域的内容以及实现电子商务应具备的技术保证。从总体上来看，电子商务框架结构由三个层次和两大支柱构成。其中，电子商务框架结构的三个层次分别是网络层、信息发布与传输层、电子商务服务和应用层；两大支柱是指社会人文性的公共政策和法律规范以及自然科技性的技术标准和网络协议。

（一）网络层

如果把整个电子商务比做一座繁华的城市，那么网络层就是这座城市中纵横交错的各种道路，所以又称为"信息高速公路"。网络层是实现电子商务的最底层的基础设施，它是信息的传输系统，也是实现电子商务的基本保证。网络层一般包括远程通信网（Telecom）、有线电视网（Cable TV）、无线通信网（Wireless）和Internet。这些不同的网络都提供了电子商务信息的传输线路。但是，当前大部分电子商务应用还是基于Internet，所以互联网是网络基础设施中最重要的部分。

"数字城市"是网络基础设施的重要体现。这一概念起源于美国前副总统戈尔于1998年提出的"数字地球"概念，是"数字地球"的一个组成部分。实际上是数字技术、网络技术渗透到城市发展的各个方面，是城市综合信息的数字化、智能化和可视化。

"数字城市"分广义和狭义两种，广义的数字城市概念是指通过建设宽带多媒体信息网络、地理信息系统等基础设施平台，整合城市信息资源，建立城市电子政府、电子商务企业、电子社区，并通过发展信息家电、远程教育、网上医疗，建立信息化社区。狭义的数字城市工程是指利用数字城市理论，基于3S（地理信息系统GIS，全球定位系统GPS，遥感系统RS）等关键技术、深入开发和应用空间信息资源，建设服务于城市规划、城市建设和管理，服务于政府、企业、公众，服务于人口、资源环境、经济社会的可持续发展的信息基础设施和信息系统。其实施可分为三个阶段：城市基础数字化阶段；政府、行业、企业的数字化及应用阶段；数字城市的综合应用阶段。

（二）信息发布与传输层

网络层决定了电子商务信息传输使用的线路，而信息发布与传输层则解决如何在网络上传输信息和传输何种信息的问题。可以把它形象地比喻为在城市道路上"开什么车"的问题。目前Internet上最常用的信息发布方式是在WWW上用HTML语言的形式发布网页，并将Web服务器中发布传输的文本、数据、声音、图像和视频等的多媒体信息发送到接收者手中。从技术角度而言，电子商务系统的整个过程就是围绕信息的发布和传输进行的。

（三）电子商务服务和应用层

电子商务服务层又称为一般业务服务层，实现标准的网上商务活动服务，以方便交易，如网上广告、网上零售、商品目录服务、电子支付、客户服务、电子认证（CA认证）、商业信息安全传送等。其真正的核心是CA认证。因为电子商务是在网上进行的商务活动，参与交易的商务活动各方互不见面，所以身份的确认与安全通信变得非常重要。CA认证中心，担当着网上"公安局"和"工商局"的角色，而它给参与交易者签发的数字证书，就类似于"网上的身份证"，用来确认电子商务活动中各自的身份，并通过加密和解密的方法实现网上安全的信息交换与安全交易。

在基础通信设施、多媒体信息发布、信息传输以及各种相关服务的基础上建立的是应用层。它是电子商务框架的最高层，直接实现电子商务的各项功能，主要包括网络营销、客户服务、电子支付、安全认证、物流管理、供应链管理等多项功能。

电子商务的任何一种应用，都包含着基本的"四流"，即信息流、资金流、物流和商流。其中，信息流既包括商品信息的提供、促销营销、技术支持、售后服务、企业内部管理等内容，也包括诸如询价单、报价单、付款通知单、转账通知等商业贸易单证，还包括交易方的支付能力、支付信誉和商业信誉等。资金流主要是指资金的转移过程，包括付款、转账、兑换等过程。物流主要是指商品和服务的配送和传送渠道，对于大多数商品和服务来说，物流仍然需要经由传统的经销渠道或者其他模式，然而对有些商品和服务来说，可以直接以网络传输的方式进行配送，如各种电子出版物、软件、信息资金服务等。商流是电子商务活动中商品所有权的流动。对于每个交易主体来说，他所面对的是一个电子市场，必须通过电子市场选择交易的内容和对象。

（四）公共政策、法律规范和隐私

公共政策包括围绕电子商务的税收制度、信息的定价、信息访问的收费、信息传输成本等，这些都需要政府统一来制定。法律维系着商务活动的正常运作，对市场的稳定发展起到了很好的制约和规范作用。

进行商务活动，必须遵守国家的法律、法规和相应的政策，同时还要有道德和伦理规范的自我约束和管理，二者相互融合，才能使商务活动有序进行。随着电子商务的产生，由此引发的问题和纠纷不断增加，原有的法律法规已经不能适应新的发展环境，制定新的法律法规并形成一个成熟、统一的法律体系，成为世界各国发展电子商务的必然趋势。美国政府在其颁布的《全球电子商务的政策框架》中，在法律方面做了专门的论述；1996年联合国贸易组织通过了《电子商务示范法》；我国于2004年8月28日十届全国人大常委会第十一次会议正式通过了《中华人民共和国电子签名法》，该法自2005年4月1日起执行，是我国第一部真正意义上的电子商务法。

另外，提到政策法规，就要考虑各国的不同体制和国情，而这同Internet和电子商务的跨国界性具有一定的冲突，这就要求加强国际间的合作研究。例如，在美国，它的社会体制决定了私有企业在经济运行中占主导地位，在制定政策法规时，美国政府必将向私有企业倾斜，同时尽量减少政府限制。而在中国这样同美国社会体制存在很大不同的国家，不能照搬美国的做法，必须在加大信息化基础设施建设的基础上寻求一种以政府主导的经济管理政策，同时必须注意协调道德规范的要求。

随着电子商务的发展，隐私问题作为一个突出的问题越来越受到人们的关注。商家不仅要保持已有的网上客户，还要挖掘潜在的客户，人们在网上的各种商务活动和个人信息都在不知不觉中被商家记录，于是大量的宣传广告会充斥用户的电子邮箱，个人的信息安全得不到保障，这必然使用户对电子商务望而却步，从而阻碍电子商务的发展。因此，为保障网上的个人隐私权，促进电子商务的发展，应该对此进行相应的立法或对现有的法规进行必要的修改。

（五）技术标准和网络协议

技术标准定义了用户接口、传输协议、信息发布标准等技术细节。它是信息发布、传递的基础，是网络信息一致性的保证。就整个网络环境来说，标准对于保证兼容性和通用性是十分重要的。正如在交通方面，有的国家是左行制，有的国家是右行制，这样会给交通运输带来不便；我们现在用的手机，也必须遵循国际统一标准，否则根本不能进行全球通信。现在在电子商务中也会遇到类似问题，而且由于电子商务的全球性，技术标准将会带来更严重的问题。目前，许多企业和厂商、国际组织都意识到技术标准的重要性，正致力于联合起来开发统一的国际技术标准，如EDI标准、TCP/IP协议、HTTP协议、SSL协议、SET协议等。

三、电子商务系统的体系结构

电子商务的体系结构是建立在电子商务参与者以及它们在电子商务过程中扮演的角色基础上的。现对这些内容作具体的介绍。

（一）电子商务的参与者

电子商务的参与主体分为企业、消费者、政府和中介机构四类。其中企业是电子商务的最主要的推动者和受益者，消费者作为经济活动的不可缺少的一环必然加入电子商务系统中。它们的角色比较容易定义和理解。此处我们重点介绍政府和中介机构这两个参与主体。

1. 政府

总体来讲，无论是信息化基础设施建设、政策法规的制定，还是电子商务的理论研究，都必须在政府的监督指导或亲身参与下才能完成。但政府参与电子商务活动应有所为，有所不为，即"无为而治"。政府应该避免对电子商务的不当限制，使企业发挥主导作用。电子商务的发展应该以市场为驱动，因为创新、拓展服务、广泛参与、降低价格等只有在市场主导的环境下才能实现。在一种受管制的行业中则无法实现。买卖双方在通过因特网进行产品或者服务买卖并达成合法协议的过程中，尽可能将政府的参与或干预最小化。尽管这样，政府在电子商务中起的作用仍然是非常重大的。具体来讲，主要体现在以下几个方面：

首先，政府应发挥在政策法规方面的主导作用。电子商务的发展需要适宜的政策法规制度环境，政府应该加强政策法规建设，建立有利于电子商务健康发展的管理体制，加强网络环境下的市场监管，规范在线交易行为，保障信息安全，维护电子商务的正常秩序，营造电子商务发展的良好环境。为此，政府必须建立和完善法律法规、税收政策、电子支付系统、知识产权保护、信息安全、个人隐私、电信技术标准等。此外，电子商务具有全球性开放的特点，为此，有必要打破地区、国家和国际之间的界限，建立一套国际统一的贸易规范与法律框架，包括对电子合同的认可、接受电子签名以及其他类似授权程序的规则、制定争端解决机制、制定权责明确的根本原则，等等。

其次，政府应通过政府采购发挥电子商务的示范和拉动作用。这不仅提高了政府部门的工作效率和服务质量，还通过政府部门的带头示范作用，建立企业和消费者对电子商务的信心，拉动电子商务的全面健康发展。世界各国不仅注重发挥在电子商务领域政策法规方面的主导作用，而且还普遍在其政府采购实践中逐步实施电子商务模式。

21世纪以来，主要发达国家都在积极探索、规划和大力推行政府采购电子商务化，可以看到政府采购的电子商务化是大势所趋。在政府采购电子商务化的实践中，欧盟走在了世界的前列。从1999年开始，经过五年多的努力，欧盟将原有的四类分别制定的公共采购法，调整和简化为两个法规，即《公共部门采购指令》和《公共事业部门采购指令》，并在当中对政府采购电子商务化进行了革命性的规定。除了要求刊登在《欧盟官方公报》上的政府采购信息必须作为电子招标信息发布之外，还从法律角度对政府采购的几个关键程序运用电子商务技术进行了规定。此外，为了履行新的规则，欧盟要求各成员国把大量的投资用于信息技术系统的建立，涵盖政府采购管理系统的硬件和软件建设。各成员国政府采购电子商务化实践情况可以德国联邦政府为例，德国联邦政府要求政府采购信息系统具有统一性，要全部实现电子商务化，并通过法律决议来保证其得以顺利操作。德国联邦内政部已于2005年宣布，未来联邦政府部门所需的商品或服务将全部通过电子商务方式采购，并在2006年初举办了第一次网络招标。这套由联邦内政部、经济、交通及建设部共同研发的网络招标系统，将所有政府采购相关作业完全统一电子商务化，并计划陆续扩展到国家各部及各级地方政府采购。

新兴工业化国家和一些中等发达国家也都在采取积极措施，推动政府采购电子商务化实践的发展，发挥政府采购对于电子商务发展的示范和拉动作用。政府采购电子商务化实践在不同国家的发展并不平衡，其中在韩国、新加坡、马来西亚等国家以及我国台湾、香港地区政府采购领域中应用较广。以韩国为例，韩国国内27000多家公共机构都在网上进行采购，注册的供应商已达到了90710家。韩国的政府采购电子商务系统比较全面，供应商投标中的价格评标实行网上评估，但商务评标还是依靠人工评定。而其他国家和地区主要是政府集中采购机构开始初步实现电子商务采购，分散采购尤其是公共事业采购项目在网上进行的还不多。

最后，政府应发挥在信息基础设施和支撑环境建设方面的作用。电子商务的发展是一个复杂的社会系统工程，它涉及信息基础结构建设（如网络技术应用、互联网及企业内部信息系统建设等），以及商业信用、网上支付、认证、标准、物流配送、税收、相关法律制定与修改等环境与制度建设。电子商务的发展受到两个层面因素的制约，其一是信息技术的推广应用和企业内部信息化基础和水平；其二是市场环境与制度建设。而后者的制约更加明显。纵观近年来电子商务的发展，我们不难发现制约电子商务发展的主要因素不是技术问题，而是所需的市场环境与制度安排。技术可以跨越，制度无法超越。一般商务难以适应的市场环境和制度，电子商务则更难适应。为此，政府推动电子商务发展的着眼点或切入点，就是推动信息基础设施建设与促进支撑环境的完善。

为了推动电子商务发展的进程，美国尤其重视信息基础设施方面的投入。美国政府将"信息高速公路"建设作为政府的施政纲领，消除限制，倡导竞争，积极推动网络基础设施的建设。得益于美国政府对基础设施投入的重视，其电子商务建设发展速度很快。美国企业信息基础设施建设拥有了越来越多的智能化，可以在同时管理网络的时延/颤抖和企业策略时，动态地优化各种应用的带宽需求。

为提升自身在电子商务发展领域的地位，瑞典政府制订了到2010年建成全球最先进的国家信息基础设施（NII）的计划。该计划认为，瑞典先进的信息基础结构业已建成，NII建设的关键是新业务的应用和更大范围的普及，目标是让每个公民在任何时候、任何地点都能以电子方式快速、方便、安全、廉价地享用信息服务和相互通信。为此，政府建立了首相直接领导的由政府部门和产业界组成的一个委员会，并为相关的研发部门拨出10亿克朗，作为政府专项基金。

2. 中介机构

电子商务中的中介机构是指为完成一笔交易，在买卖双方之间起桥梁作用的各种经济代理实体。大部分的金融性服务行业，如银行、保险公司、信用卡公司、基金组织、风险投资公司都是中介机构，其他的像经纪人、代理人、仲裁机构也属于中介机构。

总体来讲，中介机构大致可以分为三类：一类是为商品所有权的转移过程服务的，如金融机构、物流公司；另一类是提供电子商务软硬件服务、通信服务的各种厂商，像 IBM、HP 这些软硬件和解决方案提供商；还有一类像 Yahoo 这样的提供信息搜索服务的信息服务增值商。

以电子商务信息服务提供商为例，目前的电子商务信息服务业主要包括 Internet 服务提供商 ISP（Internet Service Provider），它为交易主体提供 Internet 接入服务（IAP）和以资源外包方式为交易主体提供网络平台服务（IPP）；还有 Internet 内容提供商（ICP），若按服务对象和提供信息内容等分类，ICP 主要包括网上媒体运营商、数据库运营商、信息咨询上和信息发布代理商。随着网络环境、通信条件、计算机拥有量和操作水平，特别是企业界和个人消费者信息意识的普遍提高，电子商务信息服务业的发展重点必然要转移到信息的增值开发，即 ICP 的建设上来。

以在线零售为例，在线中介改变了传统的零售分销渠道。传统上，产品寿命周期的每个阶段（包括设计、制造、仓储、营销、包装和运输）都由同一个企业处理。而在线产品的处理方式则有所不同。一个企业以公共信息的形式发布产品描述信息，顾客用订单的方式表示回应，生产商可以根据顾客的偏好修改产品，然后直接将产品运送到顾客那里，不仅提高了生产效率和配送效率，而且降低了价格。

（二）电子商务系统的体系结构

从系统参与角色的角度考虑，电子商务系统是由许多系统角色构成的一个大系统。电子商务系统的主要角色有采购者、供应者、支付中心、认证中心、物流中心、电子商务服务商等。电子商务的价值主要体现在与企业结合，特别是与传统企业进行整合，提升企业的竞争能力上。电子商务的实质是企业利用电子方式在客户、供应商和合作伙伴之间，实现在线交易、相互协作和价值交换。除了支持在网上交易中购销的活动外，更强调交易流程的整体效率与效益的提升。商家通过网上交易市场开发新的市场及客户群、维护老顾客、提升供应链效率，从而为企业扩大市场收入、降低运营成本、赢得更高的投资回报创造良好的条件。

然而在电子商务的实际应用过程中，由于各企业的性质和规模存在一定的差异，因此电子商务实现的要求各不相同。就像有的企业是面向消费者的，有的电子商务服务是面向供应商或销售商的，甚至两者兼而有之；在商务活动上有电子采购和在线客户服务等。下面以企业为例介绍电子商务的应用结构，为电子商务模式分析提供一个整体性的框架。

首先，电子商务所涉及的对象不但包括供应商、经销商、消费者，而且还包括有关的合作伙伴，如物流公司、银行等，它们共同形成一个完整的供应链。但对于一个企业来说，其电子商务系统的运作往往只和相邻的上下游的企业发生业务关系。其次，电子商务系统的业务从材料采购到产品销售和最终售后服务，覆盖范围非常广，包括市场、销售、采购、配送／后勤、客户服务等。最后，电子商务系统的解决方案应该和企业内部的管理系统（如 MIS/ERP）进行集成，只有这样才能真正提升企业的管理效率。在电子商务应用框架的基础上，对电子商务各应用层次进行归纳。其中基础设备主要是指电子商务的网络服务平台，包含 Internet、Intranet、Extranet 以及增值网等，还包括 ISP、ASP 等提供的各种增值性服务。主要任务是提供应用连接性、协同工作以及网络管理等电子商务平台的基本功能。电子商务的支撑环境包括支付、物流和信用环境，它们为电子商务的顺利开展提供了各种物质和安全保证，是体系结构中必不可少的一部分。应用环境则可以理解为电子商务的供应者和采购者利用电子方式实现的在线交易、相互协作和价值交换的过程，根据担当供应者和采购者角色的主体的不同，可以划为 B2B、B2C、C2C 等具体模式。

四、电子商务系统的支撑环境

同自然界的其他任何系统一样，电子商务系统的顺畅运行，也有其赖以生存的支撑环境，主要包括电子商务的支付环境、物流环境和信用环境等。

（一）电子商务的支付环境

随着网上电子交易业务量的增加，支付问题日益突出，如何处理不同范围内的大宗交易，成为电子商务活动的关键，而答案是唯一的：利用电子支付。

电子支付是电子商务活动的关键环节，是电子商务能够顺利发展的基础条件。对于商家来说，如果缺乏良好的网上电子支付环境，电子商务高效率、低成本的优势就难以发挥，只能是网上订货、网下支付，实现的是较低层次的商务应用，从而使电子商务的应用与发展受到极大的阻碍。因此，提供安全、高效、快捷的网上金融服务就成为整个电子商务交易过程中最重要的环节。

但由于电子支付是通过开放的 Internet 来实现的，支付信息很容易受到黑客的攻击和破坏，这些信息的泄漏和受损直接威胁到企业和用户的切身利益，所以安全性一直是电子支付实现所要考虑的最重要的问题之一。

（二）电子商务的物流环境

随着电子商务时代的到来，企业销售范围不断扩大，企业和商业销售方式及最终消费者购买方式的转变，使得送货上门等业务成为一项极为重要的服务业务，这些极大地促进了物流行业的兴起。

物流，是指物质实体（商品或服务）的流动过程，具体指运输、储存、配送、装卸、保管、物流信息管理等各种活动。对于少数商品和服务来说，可以直接通过网络传输的方式进行配送，如各种电子出版物、信息咨询服务、有价信息软件等。而对于大多数商品和服务来说物流仍要经由物理方式传输，但由于一系列机械化、自动化工具的应用，准确、及时的物流信息对物流过程的监控，将使物流的速度加快、准确率提高，能有效地减少库存，缩短生产周期。在这一发展过程中，物流不仅已成为有形商品网上商务的一个障碍，而且也已成为有形商品网上商务活动能否顺利进行和发展的一个关键因素。因为电子商务优势的发挥需要有一个与电子商务相适应的、高效、合理、畅通的物流系统，否则电子商务就难以得到有效的发展。

（三）电子商务的信用环境

在商务和电子商务的运作过程中，商贸交易过程的实务操作步骤是相同的，但交易具体使用的运作方法是不同的。在电子商务条件下，商务活动是通过网络进行的，买卖双方在网上沟通，签订电子合同、使用数字签名和电子支付等，这完全改变了传统商务模式下面对面的交易方式，因此商业信用体系的建立对电子商务来说就显得更加重要。它不是仅依靠交易双方单方面的努力就能解决的，电子商务信用环境的建立是一个综合性的任务，这当中既有公民道德素质的提高和意识觉醒问题，也有技术问题和法律问题，同时信用环境的建立还有待时间让电子商务系统各个角色逐渐习惯和适应。要解决这些问题，首先需要社会各方面的大力引导，创建一个具有良好信用意识的社会环境；其次是建立和完善电子商务认证中心，这是改善电子商务信用环境最基本的技术手段，是电子商务活动正常进行的必要保障；再次是制定相关法律和制度，规范电子商务的交易行为，保障电子商务活动的正常进行；最后是建立社会信用评价制度和体系，为电子商务交易提供资信服务。

电子商务系统的支撑环境除了以上提到的三种之外，还和许多因素有关，如计算机的普及程度和上网率、企业领导对电子商务运作的重视程度及职工素质等。

第三节 电子商务交易模式分析

电子商务从不同的角度出发,有不同的分类方法,并且由于电子商务的参与者众多,如企业、消费者、政府、接入服务的提供商(ISP)、在线服务的提供者、配送和支付服务的提供机构等。它们的性质各不相同,可以分为B(Business)、C(Customer)、G(Government)。由此形成了以下电子商务交易模式:B2B、B2C、C2C、B2G、C2G等。目前应用范围比较广泛的是B2C、B2B、C2C 三大类。

一、B2C 交易模式

(一)B2C 的定义

B2C(Business to Customer)电子商务是指企业与消费者之间以 Internet 为主要服务提供手段进行的商务活动。它是一种电子化零售模式,采用在线销售,以网络手段实现公众消费和提供服务,并保证与其相关的付款方式电子化。它是随着 WWW 的出现而迅速发展起来的,目前在 internet 上遍布各种类型的网上商店和虚拟商业中心,提供从鲜花、书籍、饮料、食品、玩具到计算机、汽车等各种消费品和服务,WWW 网上有很多这一类型电子商务成功应用的例子。借助网上交易平台,商家可以改变传统的销售渠道,同时客户也可以有更广阔的选择余地,并且大大节省了商家和客户的时间和空间,提高了交易的效率。著名的亚马逊网站就是属于这种模式。

(二)B2C 在线交易流程

以消费者进行网上购物为例,B2C 交易的过程如下:
(1)消费者使用自己的计算机,通过互联网搜索想要购买的商品。
(2)消费者在网上浏览,选购所需的商品放入购物车内,填写系统自动生成的订货单,包括商品名称、数量、单价、总价等,并注明将此商品何时送到何地以及交给何人等详细信息。
(3)通过服务器与有关商店联系并取得应答,告之消费者所购货物的单价、应付款数、交货等信息。
(4)消费者确认上述信息后,用电子钱包付款。在系统中装入并打开电子钱包，输入自己的密码口令，取出其中的电子信用卡进行付款。

（5）电子信用卡号码被加密发送到相应的银行，网上商店收到订购单，等待银行的付款确认。当然商店不知道、也不应该知道顾客的信用卡信息，无权、也无法处理信用卡中的钱款。

（6）如果付款不成功，则说明信用卡上的钱款已经超过透支限额或者是上了黑名单，消费者已不能使用该卡。消费者可再次打开电子钱包，取出另一张电子信用卡，重复上述操作。

（7）如果经银行证明信用卡有效并已授权，网上商店就可付货，同时销售商店留下整个交易过程中发生往来的财务数据，并出示一份电子收据发送给消费者。

（8）在上述交易成交后，网上商店就按照消费者提供的电子订单，将货物在指定地点交到消费者指明的收货人手中。

就上述电子购物而言，在实际进行过程中，即从顾客输入订货单后开始到拿到销售商店出具的电子收据为止的全过程仅用 5~20 秒的时间。这种电子购物方式十分省事、省力、省时。购物过程中虽经过信用卡公司和商业银行等多次进行身份确认、银行授权、各种财务数据交换和账务往来等，但所有业务活动都是在极短的时间内完成的。总之，这种购物过程彻底改变了传统的面对面交易和一手交钱一手交货及面谈等购物方式，是一种新颖有效、保密性好、安全保险、可靠的电子购物过程，利用各种电子商务保密服务系统，就可以在 Internet 上使用自己的信用卡放心地购买自己所需要的物品。

（三）B2C 交易商品的特点

B2C 电子商务模式最大的特点是商品的交易完全通过网络的方式进行，从消费者到网上挑选和比较商品开始，到网上购物支付和物流配送以及售后服务，是一条龙通过网络为媒介完成的，企业和消费者之间不进行面对面的交易。因此，B2C 模式交易的商品和服务有如下特点：

（1）适合在网上销售。这是 B2C 电子商务模式对产品的特殊要求。能通过电子传输的产品和服务，如电影、Flash、电子杂志等，比较适合在网上销售，这样的产品被当作 B2C 电子商务最好的目标产品。在网上实施全天候服务，实时交易，商品传递速度快。

（2）商品的搜索成本低。这是因为适合做电子商务的商品大多是书、音乐和光盘等。

（3）具有标准化、不易变质、适合传递等特征。如小型数码产品适合做电子商务，这是因为在网上销售的商品受限较多，如没有库存，不能完全真实地感受信息及物流配送的特点等，一般要求网上商品要具有标准化、不易变质、适合传递等特征。

（四）B2C 电子商务主要分类

1. 网上零售

网上零售是指通过互联网或其他电子渠道，针对个人或者家庭的需求销售商品或者提供服务。消费者通过网上商店购买商品是电子商务的典型应用之一。消费者可以浏览、选购自己的商品，安全地完成网上支付，享受安全便捷的购物方式，对于企业则可以通过网络将商品销售出去，不但减少店面的开销和销售人员开销，更重要的是实现了零库存销售。

网上零售的经营方式主要有两种：一种是纯网络型零售企业，比如美国的亚马逊、中国的当当网等；另一种是传统零售企业触网，将传统业务与电子商务互相整合，比如美国的沃尔玛、中国北京的西单商场等。依托传统零售企业的电子商务发展开始渐入佳境。据美国商业部提供的最新资料显示，2008年年底网上零售额已经突破了50亿美元，在商品零售总额中占0.6%。这再一次充分显示了互联网在美国经济中的作用。

2. 在线出版和付费浏览

在线出版指出版商通过 Internet 向消费者提供除传统出版物以外的电子出版物，消费者可以通过订阅来下载刊物的信息。但是，由于大多数消费者可以通过其他途径获取相同或类似的信息，所以以订阅方式向消费者销售电子刊物有一定的困难。因而某些出版商网站开始尝试向访问该网址的用户收取一定的订阅费，后来在线杂志开始实施双轨制，即免费和订阅结合，有些内容是免费的有些内容是专门向订户提供，这样这些网址既能吸引一般的访问者，保持较高的访问率，同时又有一定的营业收入。

付费浏览模式也是通过出售一定的专业信息获取收入的模式。与在线出版不同，该模式是通过网页向消费者提供计次收费网上信息浏览和信息下载的电子商务模式。该模式让消费者根据自己的需要在网上有选择性地购买想要的东西。如中国知网，提供了各种学术研究需要的论文文献，游客只能看到他所需资源的内容摘要，而要下载论文则必须付费。

3. 远程教育

2000年10月，我国第一家完全通过 Internet 技术手段进行教学的网络教育学院——中国人民大学网络教育学院开始招生。根据中国人民大学网络教育学院介绍，2001年人大网络教育学院在全国的200多个考点有1.4万人报名，学生年龄在18~45岁之间，涉及28个省市，这些数字创下了多项中国网络教育之最。

4. 广告支持模式

广告支持模式是指在线服务商免费向用户提供信息在线服务，而营业活动全部靠广告收入来支持。例如，像 Yahoo 等在线搜索服务网站就是依靠广告收入来维持经营活动。信息搜索对于上网人员在信息浩瀚的互联网上找寻相关的信息是最基础的服务，企业也愿意在信息搜索网站设置广告，特别是通过付费方式在网上设置旗帜广告。由于广告支持模式要求上网企业的商业活动靠广告收入来维持，该企业的网页能否吸引大量的广告就成为能否成功的关键。能否吸引网上广告又主要靠网站的知名度，而知名度又要看该网站被访问的次数。Netscape 公司之所以取得广告收入第一名，主要是因为浏览器包含了信息检索功能。可见为访问者提供信息的程度是吸引广告的主要因素。

此外，B2C 电子商务还有网上赠予、电子经纪人、网上娱乐等多种模式，它是电子商务领域最主要的运作模式之一。

二、B2B 交易模式

（一）B2B 定义和基本模式

B2B 电子商务是商业对商业，或者说是企业间的电子商务交易模式，即企业与企业之间通过互联网进行产品、服务及信息的交换。B2B 是最重要的一种电子商务模式。据专业调查公司 eMarketer 的最新研究报告，"B2B" 在整个电子商务活动中占到了 87% 的比例。就国内市场来说，iResearch 的分析认为 B2B 占中国整个电子商务市场的 98%。可见 B2B 是电子商务市场发展的主要推动力。而来自 IDC 的报告则指出，未来 5 年，中国 B2B 电子商务将以高达 120% 的速度增长。

B2B 电子商务模式包括两种基本模式：

第一种是面向制造业或面向商业的垂直 B2B。垂直 B2B 可以分为两个方向，即上游和下游。生产商或商品零售商可以与上游的供应商之间形成供货关系；生产商与下游的经销商可以形成销货关系。例如，全球纺织网、全球五金网、中国服装网、中国化工网等。

行业垂直 B2B 平台服务的对象就是行业垂直 B2B 平台上面的注册客户，可以分为 3 类：①本行业的厂商。②本行业的上游厂商，如原料提供商等。③本行业的下游厂商，如采购商等。该种电子商务模式的价值在于企业与其上下游之间通过 Extranet 进行信息集成，从而实现资源的共享。现阶段，行业垂直类 B2B 平台一般大多与本行业相关的企业联系是非常紧密的，但是与本行业相关的上下游厂商之间的联系就相对较弱。

第二种是面向中间交易市场的 B2B。这种交易模式是水平 B2B，它是将各个行业中相近的交易过程集中到一个场所，为企业的采购方和供应方提供了一个交易的机会。B2B 只是企业实现电子商务的一个开始，它的应用将会得到不断的发展和完善，并适应所有行业的企业的需要。该种电子商务模式是现阶段 B2B 电子商务的重点。例如，阿里巴巴、慧聪网等。

（二）B2B 在线交易流程

B2B 的交易流程按电子商务交易应遵循的基本程序有：

（1）采购方向供应方发出交易意向，提出商品报价请求并询问想购买商品的详细信息。

（2）供应方向采购方回答该商品的报价，并反馈信息。

（3）采购方向供应方提出商品订购单。

（4）供应方对采购方提出的商品订购单做出应答，说明有无此商品及目前存货的规格型号、品种、质量等信息。

（5）采购方根据供应方的应答决定是否对订购单进行调整，并最终作出购买商品信息的决定。

（6）采购方向供应方提出商品运输要求，明确使用的运输工具和交货地点等信息。

（7）供应方向采购方发出发货通知，说明所用运输公司的名称、交货的时间、地点、所用的运输设备和包装等信息。

（8）采购方向供应方发回收货通知。

（9）交易双方收发汇款通知。采购方发出汇款通知，供应方告知收款信息。

（10）供应方备货并开出电子发票，采购方收到货物，供应方收到货款，整个 B2B 交易流程结束。

如果是外贸企业，中间还将涉及海关、商检、国际运输、外汇结算等业务。

（三）B2B 交易平台上交易商品的特点

B2B 交易模式与 B2C 模式相比较有很多不同点，如 B2B 交易次数少，交易金额大，适合企业与供应商、客户之间大宗货物的交易与买卖活动。另外，B2B 模式交易对象广泛，它的交易对象可以是任何一种产品，即中间产品或最终产品。因此，B2B 是目前电子商务发展的推动力和主流。

在这里我们以面向中间交易市场的水平 B2B 为主，介绍交易商品的特点。

（1）在 B2B 交易平台上交易的商品覆盖种类齐全。这是因为企业和企业间的交易是大额交易，不像普通消费者以日用、休闲、娱乐等消费品为主，单宗交易、数额小，交易量大。

（2）B2B 交易在线下完成，这和企业间的大额交易特点有关。B2B 只是一个交易平台，将交易双方汇聚在一起撮合双方的交易。

（3）交易品的种类不受网络交易的限制。

（四）B2B 电子商务的三种典型运作方式

1. 买方集中模式

买方集中模式也称集中销售模式或卖方解决方案，是指一个卖家与多个买家之间的交易模式。卖家发布欲销售的产品销售，如产品的名称、规格、数量、交货期和参考价格等，吸引卖方前来认购。

以卖方为主的 B2B 电子商务模式是一种最普遍的运作模式。在这种模式中，提供产品或服务的企业占据主动地位，它先上网公布信息，然后等待多个卖方企业上网洽谈和交易。目前中国已有许多这方面的成功案例。如 2000 年 8 月份中国首次网上购车的成功交易就是这种商务模式的典型代表。由于一般只有较大规模的企业才能自行积极建立较为完备的网上交易系统，而且众多企业的网站知名度并不是很高，因而对于中小规模的企业采用此种方式运作效果不一定会好。目前，买方集中模式也出现了几家大中型企业联合起来共同组建交易平台的案例，它们面向众多的买方企业开展经营。如芝加哥一家公司，该公司主要供应工程设备，但该公司并不是什么产品都能提供，于是与其他相应供应商联合起来提供完整的工程设备服务。

买方集中平台可以加快企业产品的销售过程，特别有利于新产品的推广，在降低销售成本的同时扩展卖方渠道。这种运作模式比较偏向于为卖方服务，与 B2C 模式比较相似，而且业务流程也比较相像。

2. 卖方集中模式

卖方集中模式也称为集中采购，类似于项目招标，是指一个买方与多个卖方之间的交易模式。买方发布需求信息召集供应商前来报价、洽谈和交易。

这种方式也可以由几家大卖主共同构建用来联合采购，因为投资者希望通过联合买方的议价能力得到价格上的优惠。如零售业交换市场就是由 27 家零售商联合创办的，再如通用电气公司通过网上采购也取得了良好的效益。这类电子商务运作模式的特点如下：

（1）汇总了卖方企业及其产品信息，增加了买方的选择余地；

（2）采购过程公开化、规范化，扩大了询价、比价范围，节省了采购费用；

（3）买家绕过了分销商和代理商，从而能缩短采购时间，提高工作效率；

（4）买家一般与报价最低的卖家成交。

可以看出，这种模式更多地为买方提供服务而不会兼顾到供应商的利益。

一般企业自建的、服务于本企业的电子采购就属于这种模式。它比较适合于大型企业，大型企业负责管理其下属所有企业的统一采购。同时，该模式也非常适用于政府采购和大型工程项目的招标。

3. 中立的网上交易市场

中立的网上交易市场模式是由买方、卖方之外的第三方投资而建立起来的，它提供买卖多方参与的竞价撮合模式。

网上交易市场的基本流程如下：

（1）买卖双方将各自的供求信息发布在网上交易中心；

（2）买卖双方选择自己的贸易伙伴，交易中心撮合；

（3）买方在交易中心指定的银行办理转账付款手续；

（4）银行通知交易中心买方货款到账；

（5）交易中心通知卖方将货物送到设在各地的配送部门；

（6）买方验证货物后提货；

（7）交易中心通知银行买方收到货物；

（8）银行将买方的货款转交给卖方。

与一般概念上的交易市场不同，网上交易市场并不意味着一堆厂商的简单排列。事实上，进入网上交易市场的企业必须获得一定的资格，即企业内部必须有一套合格的电子化管理系统，并且这套系统能与外部进行无缝对接，从而实现企业向生产、采购、销售全过程的信息化整合。这是中立的网上交易市场与某些以供需信息为主导的 B2B 网站的根本区别所在。这意味着网上交易市场中的每个成员都拥有自己的交易系统，可实现内部运作与交易的一体化，从而明显提高信息的价值。

网上交易市场的另一个显著特色就是很强调开放性和标准化，只有这两个条件具备了，网上交易市场才能真正开展起来，企业才能真正参与到网上交易市场中去。当然，网上交易市场的发展初期可能更多地表现为一种买卖企业信息发布和交易撮合的信息平台，随着企业信息化应用的不断深入，将企业内部运作的业务系统通过网上交易市场与合作伙伴联系起来，这将是中小企业信息化应用的未来发展方向。

三、C2C 交易模式

（一）C2C 模式简介

C2C 电子商务是消费者对消费者的交易，简单地说就是消费者本身提供服务或产品给消费者。

C2C 商务平台就是通过为买卖双方提供一个在线交易平台，使卖方可以主动提供商品上网拍卖，而买方可以自行选择商品进行竞价。

个人电子商务市场的巨大潜力吸引了诸多国内外企业和投资者的眼光，培育中国个人电子商务市场已经成为国内外众多企业争取用户份额，留住客户，进行强力竞争的手段。

（二）C2C 在线交易流程

以交易者网上竞拍为例，C2C 交易流程如下：
（1）交易者登录 C2C 类型网站，注册相关信息。
（2）卖方发布拍卖商品的信息，确定起拍价格和竞价幅度、截止日期等信息。
（3）买方查询商品信息，参与网上竞价过程。
（4）双方成交，买方付款，卖方交货，完成交易。

C2C 交易平台上交易产品丰富、范围广并且以个人消费品为主。因为 C2C 交易本质上也是网上撮合成交，再通过网上或者网下的方式进行交易。

四、电子政务

电子政务，在英文中称为 E-Government，简写为 E-Gov。电子政务是政府部门运用先进的电子信息技术手段（计算机、网络、电话、手机、数字电视等），以实现政务信息数字化、政务公开化、办公高效化、服务网络化等为目标，将管理和服务通过网络技术进行集成，向社会提供优质和全方位的、规范而透明的、符合国际标准的管理和服务的过程。电子政务是在吸取了电子商务的经验基础上发展起来的基于 Internet 的应用。

（一）我国电子政务发展简介

我国电子政务的发展起源于 20 世纪 80 年代初，大致经历了四个不同的发展阶段。

1. 办公自动化阶段

办公自动化阶段主要特点是利用计算机替代部分手工劳动，提高政府文字、报表处理等工作的效率。但由于早期计算机设备价格昂贵，软件易用性差，因此该阶段普及较慢，有一部分人误将过去的"办公自动化"与现在的"电子政务"混为一谈。直到 20 世纪 80 年代末期，全国各地机构建立起了各种纵向或横向的内部信息网络，有了专门的信息中心，才为提高政府的信息处理能力和决策水平起到了重要的作用。

2. "金字工程"实施阶段

"金字工程"实施阶段是20世纪90年代我国的政府信息化建设进一步加快的标志。1993年12月，我国政府成立"国家经济信息化联席会议"，确立"实施信息化工程，以信息化带动产业发展"的指导思想，正式启动"金卡""金桥""金关"等重大信息化工程。这些工程都是由中央政府直接领导，以加强信息化基础设施建设为重点，以保证国民经济重点领域的数据传输和信息共享为主要目的。紧随"三金工程"之后的是"金税工程"，它是为了配合中国财税体制的改革，推行以增值税为主体的流转税制度，严格税收征管，杜绝税源流失而实施的一项全国性的信息化工程。除此以外，近年来国家又启动了"金审工程""金盾工程""金卫工程"等新的"金字工程"。这些工程的相继完工，将会对我国的政府信息化建设和电子政务发展起到直接的推动作用。

3. 政府上网阶段

政府上网阶段开始于1999年初的"政府上网工程"，它标志着真正意义的电子政务活动在我国正式启动。"政府上网工程"的主要目的是推动各级政府部门通过网络向社会提供各种公共信息资源，并逐步应用网络实现政府的相关职能，为实现电子政务打下坚实的基础。

4. 电子政务实质性应用阶段

在这一阶段，电子政务的发展已经不再停留在"概念炒作""盲目建站"这一层次，而是把发展电子政务与政府职能转变、政府机构改革、依法行政以及中国加入WTO后政府与国际社会接轨的现实需要结合起来。与此同时，电子政务的发展也进入了整体规划、逐步推进、有序实施的阶段，一改过去技术主导的状态，逐渐把电子技术与政府的各项具体业务紧密地结合起来，使得电子政务的作用与价值得到很好的体现。

(二)电子政务的主要模式

电子政务所涉及的内容非常广泛，涵盖了传统政务活动的各个方面。根据近年来国外电子政务的发展和我国政府对电子政务的实践，电子政务的主要模式有G2G、G2B、G2C、G2E等四种模式。

1. G2G电子政务

G2G电子政务即政府（Government）与政府（Government）之间的电子政务，又称作G2G，它是指政府内部、政府上下级之间、不同地区和不同职能部门之间实现的电子政务活动。它是电子政务的基本模式，具体的实现方式有：政府内部网络办公系统，法规、政策系统，电子公文系统，电子司法档案系统，财政管理系统，电子培训系统，垂直网络化管理，网络业绩评价系统，城市网络管理系统等。

2. G2B 电子政务

G2B 电子政务是指政府（Government）与企业（Business）之间的电子政务。企业是国民经济发展的基本经济细胞，促进企业发展，提高企业的市场适应能力和国际竞争力是各级政府机构共同的责任。G2B 电子政务的形式主要包括：政府电子化采购，电子税务系统，电子工商行政管理系统，电子外经贸管理系统，中小企业电子化服务系统，综合信息咨询服务系统等。

3. G2C 电子政务

G2C 电子政务是指政府（Government）与公民（Citizen）之间的电子政务，政府通过电子网络系统为公民提供各种服务。G2C 电子政务所包含的内容十分广泛，主要模式有：电子身份认证、电子社会保障服务、电子民主管理、电子医疗服务、电子就业服务、电子教育和培训服务、电子交通管理服务等。

4. G2E 电子政务

G2E 电子政务是指政府（Government）与政府公务员（即政府雇员，Employee）之间的电子政务。它是政府机构通过网络技术实现内部电子化管理的重要形式，也是 G2G、G2B 和 G2C 电子政务模式的基础。G2E 电子政务主要是利用 Intranet 建立起有效的行政办公和员工管理体系，为提高政府工作效率和公务员管理水平服务。具体的应用主要包括：公务员日常管理和电子人事管理等。

五、电子商务创新模式

（一）X2X 电子商务模式

X2X 模式即 eXchange to eXchange，它是随着网上电子交易市场（e-marketplace）的不断增加，导致不同的交易市场之间也需要实时动态传递和共享信息，即信息的交换，从而产生了 X2X 电子商务。X2X 实际上是一个 X 的延伸和扩展，每一个独立的 X 都有其自身的信息、资源和覆盖的范围，这注定其具有一定的局限性，可能有的电子商务交易不能够独立在一个 X 内部完成。X2X 可以使一个 X 的交易信息无限地延伸和扩展，从而使买卖双方都扩大了选择的机会，提高交易成功的机会，X2X 是 B2B 电子商务的一次深入发展。

Commerce One 是 X2X 的首先提出者。作为全球最大的 B2B 电子商务网站之一，Commerce One 主要提供网上采购解决方案和网上市场构建方案。Commerce one 拥有一个全球贸易小区平台 GTW（Global Trading Web），它是一个基于 XML 的大型 B2B 交易小区，由许多协调的门户站点组成，每个门户站点都是独立拥有的，各自在某个行业成为网上市场的领导者。GTW 就是 Commerce One 建立的 X2X 模式。

（二）基本电子商务模式的衍生

1. C2B 电子商务模式

C2B 全称 Consumer To Business，即消费者对企业，是指消费者聚集起来进行集体议价，把价格主导权从厂商转移到自身，以便同厂商进行讨价还价，也就是我们通常所说的"团购"。这种商业模式等于是由公司提供产品或服务于消费者的传统商业模式的大逆转。

C2B 模式的核心，是通过聚合为数庞大的用户形成一个强大的采购集团，以此来改变 B2C 模式中用户一对一出价的弱势地位，使之享受到以大批发商的价格买单件商品的利益。例如淘宝、易趣、拍拍等网站上的团购业务都属于 C2B 的基本范畴。这种模式的好处是：消费者通过亲自参与，能够购买到实惠的商品，而商家也可以通过这种形式了解到顾客对商品的需求，从而更合理地配置各种资源。

C2B 的经济关系被视为一种逆向的商业模式，而 C2B 的出现主要是因为人类社会正历经以下的大转变：

（1）能够通往大众的双向交流人际网络使得这种类型的商业关系变得可能。传统媒体皆只能建立单向的互动关系，而互联网则是一种双向交流的媒介。

（2）技术取得的代价下降：现今，个人已经能够接触过去只有大型公司才能取得的技术（印刷、高效能计算机及功能强大的软件等）。

另外，C2B 模式内涵的延伸，也决定了其发展前途。如果只是单纯地通过大群体的影响力争取到合适价格，那么其也就只能是成为 B2C 或 C2C 模式的一种补充，或者是一种新的营销手段。内涵的扩展，使 C2B 能够作为一种单独的模式独立发展；而其新颖的模式内容，以及消费者有权决定其所购买产品的内容等方面的创新性，使其具有不可限量的发展前途。传统的经济学概念认为针对一个产品的需求越高，价格就会越高，但由消费者因议题或需要形成的社群，透过社群的集体议价或开发社群需求，只要越多消费者购买同一个商品，购买的效率就越高，价格就越低，这就是 C2B 的主要特征。

C2B 模式存在一个明显的缺点，即该模式是建立在数量的基础上，所以如果顾客需要一些特殊的个性化的商品就无法享受到这种便利。也就是说，这种方式适合于无差异性的产品和服务，如演出门票，汽车购买等。

2. B2B2C

B2B2C 是一种新的网络通信销售方式，是英文"Business to Business to Consumer"的简称。第一个 B 指广义的卖方（即成品、半成品、材料提供商等），第二个 B 指交易平台，即提供卖方与买方联系的平台，同时提供优质的附加服务，C 即指买方。卖方不仅仅是公司，还可以包括个人，即一种逻辑上的买卖关系中的卖方。平台绝非简单的中介，而是提供高附加值服务的渠道机构，拥有客户管理、信息反馈、数据库管理、决策支持等功能的服务平台。

买方同样是逻辑上的关系，可以是内部也可以是外部的。产生这种模式的原因是由于在 B2C 商务模式中零售的特点决定了商家的配送工作十分繁重，同时个体消费者又不肯为原本低额的商品支付配送费用。为克服这种缺点，在 B2C 模式中引入 B2B，即把经销商作为销售渠道的下游引进，从而形成 B2B2C 模式。该模式一方面可减轻配送的负担，另一方面也能减轻库存问题带来的压力，从而降低成本。

B2B2C 把"供应商→生产商→经销商→消费者"各个产业链紧密连接在一起。整个供应链是一个从创造增值到价值变现的过程，把从生产、分销到终端零售的资源进行全面整合，不仅大大增强了网商的服务能力，更有利于客户获得增加价值的机会。该平台将帮助商家直接充当卖方角色，把商家直接推到与消费者面对面的前台，让生产商获得更多的利润，使更多的资金投入到技术和产品创新上，最终让广大消费者获益。

例如，书生之家网站采用提供开架浏览服务吸引读者，把读者订单推送给书店执行并从中收取佣金的商业运作模式，即充分发挥了自己的特长，又与其他所有书店结成了战略联盟，各司其职，各尽所能，互不冲突，共同获益。该网站已与数百家出版社和书店签约，上架数万种图书，目前已形成一定规模。

3. B2B2B

与传统的 B2B 商务模式相比，该模式在买卖双方间加了一个中间环节，实际上是一种商务代理协作模式。这个中间环节对于整个社会来讲是集成化的运作，将众多企业分散执行的销售功能集中起来由商务代理协作商来完成，降低社会商品流通的交易费用，使得市场的无形之手自然向有利于商务代理协作商的方向调节。这种电子商务模式的典型代表是"诺亚方舟"。

第二章 电子商务与物流

第一节 电子商务与物流概述

当前，电子商务发展中遇到的最大障碍就是金融与物流配送。随着网络安全技术进一步提高，银行、保险等金融部门对网络化的加速实施，金融部门在任何时候、任何地点、以任何方式为客户提供网络金融服务将很快得到实现。金融问题解决后，电子商务能否成熟完善的开展就集中在物流配送问题上了。

电子商务的发展不仅使企业与企业之间能直接交易，而且它们的信息能相互直接流通与共享，于是就可以开展敏捷制造或柔性生产。要做到这一点，整个物流系统，包括外购材料供应物流与产品配送物流必须快速、稳定、准确地进行。而在经济全球化、生产专业化的今天，物流环节通常要涉及跨国运输，经过海运、陆运、空运等不同的运输方式，以及运输、装卸、仓储、包装、流通加工、信息流通等各种物流环节，并要求其能在准确的时间、准确的地点以准确的数量、完好的质量、适当的价格将原材料送到生产车间，产品递交给客户。整个运输过程中，外购材料和产品都能被实时跟踪。要做到这一切，生产商只需与物流服务商在网上完成运输合同即可，其他全交给物流服务商去完成，这对物流服务商来说，不能不说是极大考验和挑战。电子商务模式下，需求商与供应商、消费者与生产商直接交易虽然因少了中间环节而降低了成本，但却产生了这样一个问题：由于需求商往往需要多批次、少批量的货物，而消费者所购的更是少而单一。所以，要想快速、低廉地将产品交付，除非供需双方距离很近，否则是很难做到的，解决这个问题的办法就是建立一整套集成化、规模化的运输配送体系。

20世纪80年代，西方发达国家，如美国、法国和德国等就提出了物流一体化的理论，其指导物流发展取得了明显的效果，使生产商、供应商和销售商均获得了显著的经济效益。美国经济的长期稳定发展与该国重视物流一体化的理论研究与实践，并加强供应链管理、提高社会生产的物流效率和物流水平是分不开的。亚太物流联盟主席指出，物流一体化就是利用物流管理，使产品在有效的供应链内迅速移动，使参与各方的企业都能获益，使整个社会获得明显的经济效益。现在更有人将物流当作一个行业，提出了第三方物流（Third Party Logistics，TPL/3PL）的概念。

所谓物流一体化，就是以物流系统为核心的由生产企业，经由物流企业、销售企业，直至消费者的供应链的整体化和系统化。它是物流业发展的高级和成熟的阶段，具体表现为：物流业高度发达，物流系统完善，物流业成为社会生产链条的领导者和协调者，能够为社会提供全方位的物流服务。物流一体化的发展可进一步分为三个层次：物流自身一体化、微观物流一体化和宏观物流一体化。物流自身一体化是指物流系统的观念逐渐确立，运输、仓储和其他物流要素趋向完备，子系统协调运作，系统化发展。微观物流一体化是指市场主体企业将物流提高到企业战略的地位，并且出现了以物流战略作为纽带的企业联盟。宏观物流一体化是指物流业发展到这样的水平：物流业占国家国民总产值的一定比例，处于社会经济生活的主导地位，它使跨国公司从内部职能专业化和国际分工程度的提高中获得了规模经济效益。

第三方物流是指由物流劳务的供方、需方之外的第三方去完成物流服务的物流运作方式。第三方就是指提供物流交易双方的部分或全部物流功能的外部服务提供者。从某种意义上可以说，它是物流专业化的一种形式。第三方物流随着物流业的发展而发展，是物流专业化的重要形式。物流业发展到一定阶段必然会出现第三方物流，而且第三方物流的占有率与物流产业的水平之间有着非常紧密的相关性。西方国家的物流业实证分析表明，独立的第三方物流份额至少达到50%时，物流产业才能形成。所以，第三方物流的发展程度反映和体现了一个国家物流业发展的整体水平。

一、物流的划分

（一）宏观物流与微观物流

宏观物流是指从社会再生产总体角度认识和研究物流活动。微观物流则是指消费者、生产企业所从事的实际的、具体的物流活动，如企业物流、生产物流、供应物流、销售物流、回收物流、废弃物物流、生活物流等。

（二）社会物流和企业物流

社会物流是指各生产点和需求点之间各种物资流动构成一个紧密的、不可分割的物流网络整体，这种企业间的物流叫作社会物流。企业物流则是指一个企业从原材料进厂后，经过多道工序加工成零件，然后零件组装成部件，最后组装成成品出厂，自始至终都离不开物资流动，这种企业内部物资流动称为企业物流或企业内部物流。

（三）国际物流和区域物流

国际物流是现代物流系统发展很快、规模很大的一个物流领域，是伴随和支撑国际间经济交往、商贸获得和其他国际交流所发生的物流活动。相对于国际物流而言，一个国家范围内的物流、一个城市的物流和一个经济区域的物流被称为区域物流。

二、现代物流系统

（一）现代物流系统的概念

物流系统是指在一定的时间和空间里，由所需输送的物料和包括有关的设备、输送工具、仓储设备、人员以及通信联系等若干相互制约的动态要素构成的具有特定功能的有机整体。随着计算机科学和自动化技术的发展，物流管理系统也从简单的方式迅速向自动化管理演变，其主要标志是自动物流设备（如自动存储、提取系统）、物流计算机管理和控制系统的出现。

（二）物流系统的组成

物流系统主要由物流作业系统和物流信息系统两个部分组成，其功能作用分别为：

1. 物流作业系统

在运输、保管、搬运、包装、流通加工等作业中使用各种先进技能和技术，并使生产据点、物流据点、输配送路线、运输手段等网络化，以提高物流活动的效率。

2. 物流信息系统

在保证订货、进货、库存、出货、配送等信息畅通的基础上，使通信据点、通信线路、通信手段网络化，提高物流作业系统的效率。

（三）物流系统的分类

按运营主体的不同，物流系统可以分为四种类型：以制造商为主体的物流系统、以批发商为主体的物流系统、以零售业者为主体的物流系统、以仓储运输业者为主体的物流系统。

三、电子商齐物流的特点

电子商务时代的来临给全球物流带来了新的发展,使现代物流具备以下一系列新特点:信息化、网络化、智能化、柔性化、全球卫星定位系统广泛应用、绿色物流。

第二节 电子商务与物流配送

一、物流在电子商务中的地位

物流是电子商务的重要组成部分。网上交易使"商流"有了革命性的进展,随着以因特网为平台的网上交易的发展,商品的交易时间已经可以达到"等于零或者趋近于零"的境界。网上交易使商品交易发生了巨大的革命,不仅时间缩短,交易速度加快,而且可以大大降低商业交易的交易成本,尤其对个性化不强的商品。对于现代经济中大量按标准生产的,有严格品种、规格、质量标准约定的产品,可以在网上实现全部商业交易活动。就此而言,以因特网为平台的网上交易具有非常大的优势。

然而,网上交易只是电子商务的一个局部,作为一个完整的电子商务过程,正如一个完整的商品流通过程一样,如果进行细分,可以分解成商流、物流、信息流、货币流四个主要组成部分,任何一次商品流通过程,包括完整的电子商务,也都是这"四流"实现的过程。现在看来,商流、信息流、货币流可以有效地通过因特网来实现,在网上可以轻而易举地完成商品所有权的转移。但是这毕竟是"虚拟"的经济过程,最终的资源配置还需要通过商品实体的转移来实现,也就是说,尽管网上可以解决商品流通的大部分问题,但却无法解决"物流"的问题。

在一个时期内,人们对电子商务的认识有一些偏差,以为网上交易就是电子商务。这个认识的偏差在于:网上交易并没有完成商品实际转移,只完成了商品"所有权证书"的转移,而更重要的转移是伴随商品"所有权证书"转移而出现的商品的实体转移,这个转移完成才能使商品所有权最终发生变化。这个转移要靠物流,这是在网络上面无法解决的。

电子商务是网络经济和现代物流一体化的产物。以因特网为平台的网络经济是"新经济"的核心,网上的信息传递和信息经营、网上交易、网上结算等都是依托因特网的新的经济运作方式,也是网络经济的重要内容。配送方式又是现代物流的一个核心内容,可以说是现代市场经济体制、现代科学技术和系统物流思想的综合产物,和人们一般所熟悉的"送货"有本质上的区别。配送是其重要的组成部分,因此,配送也应当纳入新经济的体系之中。当然,配送对经济发展的意义不仅局限在其是电子商务的一个重要组成部分,更重要的在于它是企业发展的一个战略手段。我们可以提出以下公式:"电子商务＝网上信息传递＋网上交易＋网上结算＋配送"。一个完整的商务活动是信息流、商流、货币流、物流四个流动过程的有机构成。电子商务的特殊性就在于:信息流、商流、货币流可以在因特网上实现,而电子商务的另一半不可能在网上实现(最多可以用网络来优化),即配送。

可见,从根本上来说,物流是电子商务的重要组成部分,缺少现代化的物流,电子商务的过程就不完整。

二、电子商务与配送体系

(一) 配送的定义及模式

从物流配送的模式上来看,主要有三种类型:

1. 集货型配送模式

该种模式主要通过针对上家的采购物流过程进行创新而形成,其上家生产具有相关性,下家互相独立,上家对配送中心的储存度明显大于下家。上家相对集中,而下家分散且具有相当的需求。此类配送模式适用于成品或半成品物资的推销。

2. 散货型配送模式

该种模式主要通过针对下家的供货物流过程进行优化而形成,上家对配送中心依存度小于下家,而且配送中心的下家相对集中或有利益共享。采用此类配送模式的流通企业其上家竞争激烈,下家需求以多品种、小批量为主要特征。此类配送模式适用于原材料或半成品物资配送。

3. 混合型配送模式

这种模式综合了上述两种配送模式的优点,并对商品的流通全过程进行有效控制,有效克服了传统物流的弊端。

(二) 电子商务下配送的特点

新型物流配送除具备传统物流配送的特征外,还具备以下基本特征:信息化、现代化和社会化。

(三) 电子商务对配送的影响

物流配送的定位是为电子商务的客户提供服务,根据电子商务的特点,对整个物流配送体系实行统一的信息管理和调度，按照用户订货要求，在物流基地进行理货工作，并将配好的货物送交收货人的一种物流方式。电子商务催化着传统物流配送的革命，电子商务对传统物流配送的冲击体现在：

1. 网络给传统的物流配送观念带来了深刻的革命。
2. 网络对物流配送的实时控制代替了传统的物流配送管理程序。
3. 物流配送的持续时间在网络环境下会大大缩短。
4. 网络系统的介入简化了物流配送过程。

（四）电子商务下新型配送的特征

根据国内外物流配送业的发展情况，在电子商务时代，信息化、现代化、社会化的新型物流配送中心具有以下几个特征：

1. 物流配送反应速度快。
2. 物流配送功能集成化。
3. 物流配送服务系列化。
4. 物流配送作业规范化。
5. 物流配送目标系统化。
6. 物流配送手段现代化。
7. 物流配送组织网络化。
8. 物流配送经营市场化。
9. 物流配送流程自动化。
10. 物流配送管理法制化。

第三节 电子商务与第三方物流服务

随着电子商务的日趋发展成熟，跨国、跨区域的物流将更加重要，没有完善的物流系统，电子商务虽然能够降低交易费用，却无法降低送货成本。电子商务已经成为现代商业发展的趋势，而物流是电子商务持续发展的保障。在 B2C 电子商务交易模式中，跨区域物流大大增加了流通费用，利用第三方物流是卖方完成商品送货的最理想的解决方案。

电子商务是在因特网开放的网络环境下，基于浏览器/服务器的应用方式，实现消费者的网上购物、企业之间的网上交易和在线电子支付的一种新型的交易方式。电子商务包括商流、物流、信息流和资金流。客户通过因特网直接面对货主获取个性化服务，商流、信息流和资金流的传递在这一过程中得以实现，而物流却很难网上实现，于是物流成为制约电子商务发展的瓶颈之一。新型物流模式的建立是电子商务的核心业务之一。根据前文提到的西方国家物流实证研究分析：独立的第三方物流份额要占到 50%，物流产业才能形成。所以，第三方物流的发展程度反映和体现了一个国家物流业发展整体水平，也决定了电子商务的发展。第三方物流作为一个新兴的产业，对 B2C 电子商务的影响将是巨大的。通过 B2C 电子商务的发展，消费者可以享受到真正的网上购物的方便、优质甚至个性化的服务。

一、第三方物流的概念及其在电子商务中的作用

（一）第三方物流的发展

物流是指物质实体从供应者向需求者的物理转移，它由一系列创造时间价值和空间价值的经济活动组成，包括运输、保管、配送、包装、装卸、流通加工及物流信息处理等各项基本活动，是这些活动的统一。物流行业已经成为新世纪的重要产业和经济增长点，有资料显示，在产品的整个生产销售过程中，仅有 5% 的时间用于加工和制造，其余 95% 的时间都是用于储存、装卸、等待加工和运输，可见，物流才是产品实现价值的重心。物流行业存在巨大的利润空间，在各行各业间已经成为"第三利润"的源泉。

在 20 世纪 50 年代以前，只存在独立的第三方仓储和第三方运输，直到 20 世纪 50 年代以后，才开始逐渐产生了物流。至 20 世纪 80 年代后期，欧洲最早出现了一种新型物流服务方式，即第三方物流，其优势在于能够降低物流成本，提高为客户服务的水平，有利于集中精力发展主要业务等。第三方物流是指由物流劳务的供方、需方之外的第三方去完成物流服务的物流运作方式。所谓的第一方物流，是指销售方的物流，第二方物流是指采购方的物流，第三方物流则是针对第一方和第二方而言的，是指物流功能的外部服务提供者（也叫外包物流、合同物流），是供方和需方以外的物流企业的业务模式。它在为企业提供满意的物流服务的同时，能使企业真正降低运营成本，并能集中精力增强企业的核心竞争力。第三方在贸易链中不占有任何地位，对货物自始至终也没有所有权。

第三方物流以其独特的魅力在欧美、日本等工业发达的国家备受企业的青睐，享有企业的"加速器"和 21 世纪的"黄金产业"等美誉。在欧洲，物流服务业年收入 1290 亿欧元，其中约有 1/4 是由第三方物流来完成的。其中，德国 99% 的运输业务和 50% 以上的仓储业务都交给了第三方物流。苹果电脑、通用汽车等的近乎"零库存"也都是依托第三方物流实现的。可见，这种全球需求极大地带动了第三方物流的发展。

第三方物流与企业之间的战略联盟、物流伙伴关系均要求彼此更多地公开信息，打破传统的业务关系束缚，从"基于交易上"的业务关系向更为一体的、长期的"伙伴关系"转变。这种业务关系带给双方的明显利益是系统可靠性的提高、服务质量的改善、效率的提高及成本的下降。

（二）第三方物流给企业带来的好处

第三方物流给企业带来的好处至少有以下几点：

1. 可使企业集中精力发展主业

通过第三方物流，企业能够将有限的人力、财力集中于核心业务，优化资源配置，发展基本技术，开发新产品，增强本企业的行业竞争力。

2. 可使企业减少库存量，降低库存成本

为保证库存的最小量，企业要及时将库存的原料或配件，尤其是高价值的部件，及时送往装配地点，同时还可以减少库存成本。第三方物流可以借助精心策划的物流计划和适时运送手段，最大限度地降低库存，改善企业的现金流量，实现成本优势。

3. 可使企业减少资本积压，节省费用

专业的第三方物流可以利用规模生产的成本优势和专业优势，通过提高各环节利用率节省费用，使企业既能够减少积压成本，又能够从分离费用结构中获益。

4. 可使企业提升企业形象

第三方物流与企业是战略伙伴关系，第三方物流能够通过全球性的信息网络使企业的供应链管理完全透明化，企业可以随时通过因特网了解供应链的情况；可以使企业利用第三方物流遍布全球的运送网络和服务大大缩短交货期，改进服务，树立企业的品牌形象；第三方物流可以进行"量体裁衣"式的设计，制定出低成本高效率的物流方案，为企业在竞争中取胜创造有利的条件，提升企业的形象价值。

（三）第三方物流在电子商务发展中的作用

从电子商务企业、供应商、客户以及第三方物流间的相互关系中可以看出，第三方物流在整个循环过程中起着不可或缺的作用。对电子商务企业而言，其具体作用表现在如下方面：

1. 核心竞争力的开发

在日趋激烈的竞争中，电子商务企业将有限资源集中在核心竞争力的开发上，将物流配送外包给专业的第三方物流。这样，电子商务企业可以获得一种充分利用外部资源处理非核心业务，集中精力于其最擅长领域的机会。

2. 营运成本的降低

在电子商务运作中，专业的第三方物流可以利用规模生产的专业优势和成本优势，借助先进的信息系统，建立完善的分销、配送网络，并保证配送时限，为电子商务企业提高效率、赢得信誉并降低成本。

3. "以客户为中心"理念的实现

通过第三方物流，电子商务企业可以大大提高对客户需求的反应能力，满足客户包括采购、仓储、运输、包装、配货、调度以及在途化物流信息查询的服务，以快速便捷的方式最大限度地满足最终消费者，真正实现"以客户为中心"的理念。

4. 企业整体实力及收益的提高

据美国田纳西州大学的一份研究报告称，大多数企业使用第三方物流可以获得以下好处：作业成本可降低 62%；服务水平可提高 62%；核心业务可集中 56%；雇员可减少 50%；资产可减少 48%。所以，使用第三方物流为电子商务企业提供服务已成为不可逆转的趋势。

二、电子商务与第三方物流的关系

（一）第三方物流是电子商务的支点

有人用"成也配送、败也配送"来形容电子商务和物流的关系。海尔集团物流推行部的主管认为："电子商务是信息传送的保证，物流是执行的保证。没有物流，电子商务只能是一张空头支票。"可见，物流是电子商务最终成功的重要环节，尤其是第三方物流，电子商务只有以此为支点，才能实现发展上的成功跳跃。电子商务必然会成为企业决胜未来市场的重要工具，但是如果没有第三方物流作为电子商务的支点，恐怕电子商务是很难取得成功的。

（二）第三方物流是电子商务跨区域物流的保障

在 B2B 交易模式中，物流成本在商品交易成本中占有很大的比重，尤其是在跨国交易中。如果交易双方各自组建自己的物流系统，不仅难度很大，而且双方在出入边境时会存在衔接不畅的问题。而跨国性的第三方物流可以给双方提供最佳的服务，实现门对门的送货。在 B2C 交易模式中，第三方物流是卖方完成商品送货的最理想解决方案。第三方物流就像完善的邮政系统，只要将信投放到邮箱，另一方就可以收到来信，而不必关心信的递送过程。

可以预见，随着电子商务的日趋成熟，跨区域的物流将更加频繁，没有完善的物流系统，电子商务虽然能够降低交易费用，却无法降低物流成本。没有物流网络、物流设施和物流技术的支持，电子商务将受到极大的限制，电子商务所产生的效益也将大打折扣。可以说 EDI 是通过信息将交易双方联系在一起，而第三方物流是通过物流将双方联系到一起的。所以说，第三方物流是实现电子商务中跨区域物流的保障。

三、B2C 模式下的第三方物流服务

对于网上商店来说，它们一般是作为第三方，并不生产任何产品，只是为各种产品提供一个营销的平台。一方面，它们的运作成本一般较低，经济实力也较低。如果建立自己的物流配送体系耗资非常巨大，这些电子商务公司并没有经济实力构建。

另一方面，B2C 电子商务面向的是一般消费者，他们消费量较少，分布较分散，采用自行配送方式必然成本很高。事实证明，构建自己的物流中心对 B2C 电子商务网站来说，成本远远高于利润。目前，这种类型的网上商店所采取的送货方式一般有三种：邮寄、快递和第三方物流。邮寄有安全可靠的特点，但是速度慢、无信息反馈、无附加服务。快递相对于邮寄速度较快，较有保障，但无信息反馈，无附加服务。第三方物流具有前二者的优点，而且弥补了它们的缺点，是大型企业的首要选择。国外公司与第三方物流的合作关系要更加紧密一些。如沃尔玛就用第三方物流为它的电子商务提供服务，这家物流公司建造了一个 100 万平方英尺的配送中心，专门为沃尔玛的电子商务提供具体的服务，内容包括订单管理、订货处理以及送货、仓储管理、一般的发运、另外付款的处理、客户服务、退货的处理等。

这种方式在中国国内是否能行得通？我们以 8848 购物网站为例，对 B2C 电子商务模式下的第三方物流服务进行说明。8848 购物引擎是面向中国内地的专用产品搜索引擎，因特网用户通过 8848 购物引擎的搜索框输入想要购买的产品就可以找到因特网上电子商务网站经营的相关产品。用户在浏览器上可以看到产品的图像、价格和简单介绍等。用户点击搜索结果链接，可以直接访问该产品的页面，甚至可以直接进行在线购买。B2C 网络平台的搭建与服务让所有 8848 用户能买到品种繁多，价廉物美的商品，让卖家在 8848 上以全新的模式销售商品，在有效控制成本的同时，大幅提升销售量，并且不受地域与时间的限制。

第三方物流的出现是否与 B2C 模式减少中间环节的初衷矛盾？实际上，实行第三方物流正是为了节约配送成本和管理成本。网络公司自身运输能力薄弱，且无专业的大规模的仓储条件，物流成本将是十分巨大的，所以必须交给专业的物流公司。

现代物流商不只提供送货服务，还应该提供订货信息的处理、仓库的管

理及售后服务。物流商应该有自己的计算机信息中心。顾客向网站提交购物清单后,网站应立即将清单的副本传输到中心,同时,物流商在计算机中心内查询仓库的库存情况,并根据各种产品的销售状况及时向网站提出采购建议。物流商应该有自己的仓储系统。因为网络购物已经打破了区域性的局限,顾客的地域性已经变得很模糊,所以一个强大的仓储体系是相当必要的。除此之外,物流商还应该有自己的运输系统,以及有一定素养的客户服务人员,及时处理顾客提出的换货和退货要求。

电子商务和物流作为现代流通的两大手段,相互之间有着密切的联系,电子商务时代的物流重组需要第三方物流的发展。电子商务时代,物流业的地位将大大提高,而未来物流企业的形式将以现在的第三方物流公司为雏形,第三方物流将发展成为整个社会生产企业和消费者的第三方。我们应该创造良好的外部环境,积极扶持和支持第三方物流企业发展,第三方物流作为一个新兴的产业,对B2C电子商务的影响将是巨大的,它将使消费者享受真正的网上购物所带来的方便、优质甚至个性化的服务。

第四节 电子商务中的物流问题及虚拟供应链管理

我们来看一个案例:某家用洗涤用品企业,其产品在业界小有名气,老板却经常抱怨,公司虽然一切都顺利,唯独物流部分成了一块心病。原来,出于多种考虑,尤其是对专业物流企业的不信任,他们公司坚持保留物流业务。起初,公司订单不多,产品量不大,运输简单,路程也比较单一,一个部门、几部车、几个人就满足了物流的要求。可随着业务的快速成长,物流环节已严重制约了企业的发展,尤其是低下的物流系统运营效率让他头疼不已。但即使这样,他还是不愿意将自己的物流业务外包出去,而坚持采取自营的办法。

他给出的原因简单却耐人寻味:国内的物流企业难以满足需要,价格高、效率低、专业服务水平差。

物流对现代企业的重要性已经毋庸置疑,它与资金流、信息流一起被称为现代企业发展的三大支柱,可以说,企业在竞争中能否占得先机,是否拥有高效的物流系统是重要一环。可我国却还陷在一个恶性循环的怪圈中:由于国内物流企业发展时间不长,自身集约化程度低,规模不大,造成了营运成本居高不下,难以满足企业的实际需要,导致众多企业,尤其是中小企业不得不亲自操刀上阵,自营物流。而这又反过来限制了物流企业的发展。

一、制约我国电子商务发展的物流问题

制约我国电子商务发展的物流问题主要表现在以下几个方面：

（一）物流业的技术设备现状严重制约了商流、物流、信息流的协调发展

在流通中，商流、信息流都可以通过计算机和网络通信技术极大缩短流通过程。而我国物流的发展则明显滞后于商流、信息流的发展，其主要原因是我国物流基础设施落后，技术装备陈旧，物流现代化程度低，从而影响了我国物流效率的提高，成为物流业实现信息化及流通现代化的"瓶颈"，影响了物流业的快速健康发展。其主要表现为：

1. 我国交通运输基础设施总体规模仍然很小

按国土面积和人口数量计算的运输网络密度，我国仅为1344.48公里/万平方公里和10.43公里/万人，美国为6869.3公里/万平方公里和253.59公里/万人，德国为1468.4公里/万平方公里和65.94公里/万人，印度为5403.9公里/万平方公里和21.6公里/万人，巴西为1885.8公里/万平方公里和118.4公里/万人，不仅远远落后于欧美国家，就是与印度、巴西等发展中国家相比也存在较大差距。

2. 现代化物流集散和储运设施较少，发展水平低

长期以来，我国在交通枢纽、公共储运设施、各种现代化物流中心等物流集散设施建设方面明显滞后，各种工商企业内部仓储设施难以构成企业投资发展的重点。目前，交通部的公路主枢纽规划虽已经形成，但仅有上海、深圳等地的一级主枢纽在建设中；航空货运基地尚在规划中。我国经济系统中能够有效连接不同运输方式的大型综合货运枢纽，服务于区域经济或城市内部的各种物流基地、物流中心还比较缺乏，这严重影响了物流集散乃至运输效率的提高。

3. 各种物流设施及装备的标准化程度和技术水平较低

物流设施和装备的标准化是物流产业发展中的一个关键问题，标准化程度的高低不仅关系到各种物流功能、要素之间的有效衔接和协调发展，也在很大程度上影响了物流业向国际化、全球化的发展，主要表现在以下几方面：

（1）各种运输方式之间运输装备标准不统一，例如，海运与铁路集装箱标准的差异在一定程度上影响着我国海铁联运规模的扩展。

（2）应用器具标准不配套，例如，现有托盘标准与各种运输装备、装卸设备标准之间缺乏有效衔接，降低了托盘在物流过程中的通用性，也一定程度上延缓了货物运输、储存、搬运等过程的机械化和自动化水平的提高。

（3）物流包装标准与物流设施标准之间缺乏有效的衔接，特别是在物流单元化包装标准方面还比较欠缺。这对各种运输工具的装载率、装卸设备的荷载率、仓储设施空间利用率方面的影响较大。

4. 信息技术应用水平较低

以信息系统建设滞后为例：①工商企业内部物流信息管理和技术手段都比较落后，如全球卫星定位系统（GPS）物流采购管理（MRP）和企业资源管理（ERP）等物流管理软件，在整个物流领域中应用水平比较低。虽然现在一些大城市已经开始使用这些技术，但涉及的面还比较窄。②缺乏真正行之有效的物流信息交流平台，以 EDI、因特网为基础的物流信息系统在我国还没有得到广泛应用。

从物流业的设备现状可以看出，要实现全国物流现代化、信息化，单靠目前的技术条件是很难达到的。但是，经济全球化的压力使我们不得不加快迈向现代化的步伐，大规模的技术创新势在必行。只有物流体系的发展和完善，才能进一步推动电子商务的发展。

（二）专业物流企业提供的服务尚不能满足日益增长的物流需求

我国物流业尽管近几年有了较快发展，但与西方国家相比，我国物流企业数量少，服务意识和服务质量也不尽如人意。除少数企业以外，大多数物流企业技术装备和管理手段仍比较落后，服务网络和信息系统不健全，大大影响了物流服务的准确性与及时性。大多数企业还只是被动地按照用户的指令和要求从事单一功能的运输、仓储和配送，很少能提供物流策划、组织，而深入到企业生产领域进行供应链的全过程管理，产生物流增值的更少。更重要的是，企业缺乏通晓现代物流运作和物流管理的复合型专业人才，员工素质不高，服务意识不足，缺少市场开拓的主动性。随着中国加入 WTO，在物流这一领域，有许多国外的大公司，例如 UPS 等都带着它们的管理理念来到了中国，并在国内的物流配送中占得了一席之地。这更应当引起我国的重视，一方面，我们可以借鉴它们的部分经验；另一方面，我们必须不断提高自己的物流水平，以满足国内日益增长的物流需求。

（三）物流管理不统一，阻碍了全国性综合物流体系的建立

现代物流的发展要求打破传统的行业与区域限制，特别是在电子商务的环境下，要创造方便快捷的购物环境，在物流方面就应当建立一个统一、开放、竞争有序的综合性的物流体系。但是，目前我国物流市场管理与行业管理还没有划分明确的职能，交通部、铁道部等各承担了一部分物流管理职能。从各地来看，地区经济发展不平衡，地方保护主义依然存在。因此，我国物

流发展呈现出明显的部门化、区域化特征，工业、商业、物资、交通等各自为政，都在上项目、抢市场，相互间协调性差，造成了资源浪费。这种局面也造成了企业物流活动很难达到必需的经济规模和预期的投资回报，致使规模小、实力弱，增长乏力。

（四）发展现代物流的法制环境尚未完善

发展现代化物流业所需的产业政策和产业规划尚未出台，而我国现有与物流有关的法律法规大多是部门性、区域性规章，往往带有部门或地方保护色彩。物流市场的进入与退出、竞争规则基本上无统一法律法规可循，对社会性的物流服务缺乏有效的外部约束，致使不正当竞争难以避免。由于缺乏对物流企业的正确认识和合理界定，在一些地方工商部门的企业注册目录中至今没有物流企业的一席之地。物流企业的设立还要受到种种限制，手续烦琐，专业物流组织策划企业的法律地位尚未得到法律承认等，这些都限制了第三方物流业的进一步发展。

（五）物流人才缺乏

现代物流业的发展需要的不是传统意义上的运输、调配人员，而是一批熟悉服务对象的生产、经营和销售，熟悉物流服务组织、运输组织管理相关业务，熟悉市场营销和计算机网络技术以及物流信息开发维护等多方面知识的专业人才。物流企业的竞争实质上也将是人才的竞争。而目前国内物流人才培养不力，原有从业人员已无法适应现代物流发展的要求，人才供需矛盾突出。因此，要使国内物流实现跨越式发展，尽快引进、培育物流人才已是当务之急。

二、解决物流问题的对策

解决眼下制约电子商务发展的物流问题可以从以下几方面着手。

（一）实现物流配送体系的社会化和产业化

根据国内外连锁企业的经验，建立物流中心的途径主要有自建、改建、联建和代建四种。

1. 自建物流中心

自建物流中心是指电子商务网站自建物流中心，经营配送业务。此种方式适用于有条件的大企业，因为其具有传统的资源优势，而且物流具有针对性，所以能产生直接的经济效益。如我国的海尔建立了物流推进本部，制定了物流改革计划，实行以点带线，以线带面，全面突破的方针，提高了经济效益。

2. 改建物流中心

改建物流中心是指充分利用原有储运企业、物资企业的场地、设备和购销渠道，通过功能完善、技术改造和管理创新，使其转化为现代化的物流中心。此种方式对于实力雄厚、设施条件完备、集散能力强、物流管理水平较高的储运企业和物资企业较为适用。

3. 联建物流中心

联建可采取两种形式：①网站与物流企业联合共建物流中心；②网站与生产企业联建。联建物流中心可以利用原有企业的储运设施，节约建设投资，降低物流成本，提高配送效益，同时，有利于盘活存量资产，实现资产重组，发挥各自优势，是一种理想的物流发展途径。

4. 代建物流中心

代建物流中心是指网站本身不经营配送业务，而是委托供应商或物流中心代其完成物流服务的运作方式。它是物流专业化的发展形式，随着市场竞争的日趋激烈，许多企业不得不将主要精力集中在核心业务上，而与物流相关的业务环节则交给专业化的物流企业操作，以求节约和高效。

（二）实现物流现代化，加速现代化物流的发展

物流现代化的主要标志是：仓储自动化、运输合理化、包装标准化、加工配送一体化、装卸机械化和物流信息管理网络化。实现物流现代化要求运用以计算机技术为核心的先进技术手段，以最短的时间、最少的费用，将商品送达目的地。

（三）应用电子商务技术，加快物流业的信息化进程

现代物流已趋向商流和信息流一体化，通过构建现代化物流中心、信息处理中心这一全新的现代物流体系，使商流、物流和信息流在物流信息系统的支持下实现互动，从而提供准确和及时的物流服务。现代物流的发展是以信息技术的广泛应用为主要特征的。其通过包括因特网、条码技术、EDI、射频技术、MIS、GPS、GIS在内的多种信息技术的支持，实现对在运输、仓储、装卸、包装等各个环节的作业中产生的大量信息进行及时有效的收集、处理和分析，为诸如"缩短在途时间，实现零库存，及时供货和保持供应链的连续与稳定"等现代物流管理目标服务。

（四）大力发展第三方物流

第三方物流是指由物流劳务的供方、需方之外的第三方去完成物流服务

的物流运作方式。第三方是指提供物流交易双方的部分或全部物流功能的外部服务提供者。它是物流专业化的一种形式。第三方物流是物流业最重要的组成部分,反映和体现了一个国家物流业发展整体水平。我国的物流产业尚处于起步发展阶段,但是对专业化物流服务的需求已经初露端倪,一些专业化物流企业开始涌现,这使我国的物流业发展很被看好。因为大部分中小企业和电子商务企业利用第三方物流是其最经济的选择,也是社会分工的需要。但是与发达国家相比,我国还存在很大差距,集中表现为大多数物流企业目前只能提供运输、仓储等一般性服务,只有极少数企业可提供国际流行的物流网络设计、预测、订货管理、存货管理等物流服务。因此,必须大力发展第三方物流,完善物流的增值功能。

(五)统一物流管理,加强法制建设,为物流发展创造良好的市场环境

目前,最为紧迫的问题是要加强对电子商务和物流业的立法,特别是在对物流的立法中要明确统一的综合经济管理部门负责全国性物流产业政策的制定、物流网络的规划和统一布局,并与各专业职能部门紧密协调,以利于跨地区、跨行业、全国统一的,开放、竞争、公平、有序的物流大市场的建立。同时,也要推动综合性、跨行业、跨部门的物流法规和配套规章的制定,改变目前无法可依的局面,为物流企业创造一个良好的市场环境。

(六)加强理论研究和人才培训,指导现代化物流的实践

科技的发展离不开人才的培养,新的经济环境下不断培养适应形势发展的应用人才非常重要。目前,我国的电子商务人才和物流人才都非常紧缺,国家已经开始针对这个领域开展了一些职业资质培训。但是这些都还只停留在基础层面,对深层次研究和管理方面的人才培养还不够。

三、不断完善基于电子商务的供应链管理信息系统

当前的供应链系统正向全球化、信息化、一体化发展,通过电子、信息技术的运用,供应链中的节点企业能更好地实现信息共享,加强供应链中的联系。IBM公司认为,电子商务是一种存在于企业与客户之间、企业与企业之间以及企业内部的联系网络。在供应链管理中,企业可以运用ERP系统、EDI/因特网技术、条形码技术、POS系统、共享数据库技术等多种电子商务应用技术来改善对供应、生产、库存、销售的监控,与供应商、分销商和客户建立更快捷、更方便、更精确的电子化联络方式,实现信息共享和管理决

策支持。可见，要构建一个通畅（迅速、准确）、运营高效的供应链管理信息系统，必须有三种基本技术系统的支撑，一是企业内部的 ERP 系统，二是企业间的 EDI/Internet 技术，三是流通和物流活动中的条形码技术和 POS 系统。

（一）建立支持供应链管理的基础业务执行系统 ERP

ERP（企业资源计划）是通过一元化管理企业整体的经营资源，消除业务的浪费，最大限度地利用经营资源的软件系统。具体来讲，就是把采购、生产、销售、会计等企业基础业务统一起来，实现多基础业务流程的密切衔接，最终达到实际处理多基础业务的信息系统。实现供应链管理的前提是供应链上的成员间能够实时处理共享信息，因为以不准确的信息为基础，无论制定出怎样精密的计划都是无意义的。例如，假设某产品的库存数量数据多于实际的库存量，这个数据传给供应链的各成员，各成员都按这个数据制订供货计划，那么，一旦到了产品出库阶段，就会发生库存不足的现象。由此可见，供应链内如果不能实时处理关于订单、库存、生产等准确的共享信息，就不可能获得构筑供应链管理所带来的效果。

（二）搭建支撑供应链上企业间信息流动的 EDI

将需求信息和库存信息等信息迅速地传播给供应链上的各相关企业，并共享这些信息是供应链管理得以顺利运转的基本保证。为此，需要使信息电子化，并构筑一个能进行通信交换的 EDI（电子数据交换）系统。因此，企业 EDI 的搭建就要通过通信线路，采用标准的规定（尽可能得到广泛认同的各种规定），在计算机间交换不同组织间的交易信息。利用 EDI，企业间不仅能迅速地交换信息，而且能共享信息。

（三）强化流通和物流活动中的条形码技术和 POS 系统

条形码是用一组数字来表示商品信息的技术。按使用的方式，分为直接印刷在商品包装上的条形码和印刷在商品标签上的条形码；按使用目的，分为商品条形码和物流条形码。为了能迅速、准确地识别商品，自动读取有关商品的信息，在流通和物流活动中，条形码技术被广泛应用。条形码是有关生产厂家、批发商、零售商、运输业者等经济主体进行订货和接货、销售、运输、保管、出入库检验等活动的信息源。由于在活动发生时点能即时读取信息，因此便于及时捕捉到消费者的需要，提高商品销售效果，也有利于促进物流系统提高效率。因此，各相关企业之间要通过网络迅速而高效地交换商品信息，就必须使用通用的条形码。

POS 系统（销售时点信息系统），是通过自动读取设备（如收银机）在销售商品时直接读取商品销售信息，如商品名、单价、销售数量、销售时间、销售店铺、购买客户等，并通过通信网络和计算机系统传至有关部门进行分析加工以提高经营效率的系统。通过 POS 系统，各相关企业就可以利用供应链上的需求数据。对于零售商而言，可以把这些信息用于把握哪些是畅销品，哪些是滞销品，以最有效地利用卖场空间并提供最佳的商品储备方案；对批发商而言，可以把这些信息用于为零售商提供最合适的商品补给上；对制造商而言，可以把这些信息用于制订生产计划，通过准确地把握过去的需求，进行今后需求的预测，以及根据预测提出适当的生产计划方案并加以实施。另外，这些信息还可广泛用于促销效果测评和产品开发等方面。

四、掌握供应链管理的方法

目前，企业应用较多的供应链管理的方法有高效客户反映法（ECR）和快速响应法（QR）。ECR 主要以食品行业为对象，其主要目标是降低供应链各环节的成本，提高效率；而 QR 主要集中在一般商品和纺织行业，其主要目标是对客户的需求作出快速反应，并快速补货。两者共同表现为超越企业之间的界限，通过合作追求效率化，具体表现在如下三个方面：

第一，贸易伙伴间商业信息的共享。零售商将原来不公开的 POS 系统单品管理数据提供给制造商或分销商，制造商或分销商通过对这些数据的分析来实现高精度的商品进货、调达计划，降低产品库存，防止出现次品，也有利于制造商制定、实施对应的生产计划。

第二，商品供应方进一步涉及零售业，提供高质量的物流服务。作为商品供应方的分销商或制造商，比以前更接近作为流通最后环节的零售商，特别是零售店铺，从而保障物流的高效运作。当然，这一点与零售商销售、库存等信息的公开是紧密相关的，即分销商或制造商所从事的零售补货机能，是在对零售店铺销售、在库情况迅速了解的基础上开展的。

第三，企业间订货、发货业务全部通过 EDI 来进行，实现订货数据或出货数据的传送无纸化。企业间可以通过积极、灵活运用这种信息通信系统，来促进相互间订货、发货业务的高效化。计算机辅助订货（CAO）、卖方管理库存（VMI）、连续补货（CRP）以及建立产品与促销数据库等策略，打破了传统的各自为政的信息管理、库存管理模式，体现了供应链的集成化管理思想，能够适应市场变化的要求。

第五节 我国电子商务物流的发展

电子商务是经济信息化、网络化的产物，随着世界经济一体化，信息技术快速发展，电子商务已成为人们进行商务活动的新模式，越来越多的传统企业开始介入电子商务领域。但是当它们在因特网上设立网上商店的时候，发现电子商务的背后存在物流的制约，渐渐地，人们认识到物流已成为一个关键因素，如果没有一个高效、合理、畅通的物流系统，电子商务所具有的优势就难以得到有效的发挥。而如何建立一个高效率、低成本运行的物流体系来保证电子商务的通畅发展，已成为人们必须重视的问题。

一、我国发展电子商务物流的前景

电子商务是一场商务革命，它打破了区域和国界，开辟了巨大的网上商业市场，而作为保证电子商务运作的电子商务物流也必将有一个大的发展。发展电子商务物流是我国企业参与国际竞争的需要，是缩短与发达国家物流业差距的一次机遇，具有良好的前景，理由如下：

第一，电子商务物流在我国具有广阔的发展空间。尽管我国电子商务起步较晚，但发展势态很好。国家和企业都十分重视发展电子商务，也取得了巨大的成绩。电子商务的发展必然带动我国电子商务物流的大发展。电子商务贸易无国界，因特网可以在瞬间使处于全球任何地方的双方达成交易，但实物的交割还得依赖电子商务物流。美国 Forrester 研究所在其《控制商务物流》的报告中指出，在未来几年的电子商务交易额将以数十倍的速度增加，电子商务物流量也将以这个速度递增。

第二，发挥大规模数字化定制经济，必须发展电子商务物流。随着买方市场的逐步形成以及电子信息技术的高速发展及其在商务领域的广泛应用，大规模数字化定制经济正在迅猛发展。大规模数字化定制经济是以满足顾客需求为目的的全新的产业组织形式，它从根本上改变了企业的组织管理形式、厂商与消费者的关系、竞争者之间的竞争方式以及企业之间的分工协作方式，是 21 世纪产业组织形式的主流。在大规模定制经济中，企业之间的竞争焦点在于速度，企业能否取得竞争优势的关键在于能否缩短向顾客提供产品和服务的时间。因此，企业必须保持其物流的通畅，这要求企业内部及其供应链伙伴之间通过信息传输系统和电子化物流网络系统来保证对其物流的控制。因此，电子商务物流不仅为网络交易进行配送服务，而且也是未来企业竞争战略的核心内容。

第三，信息技术与物流技术的发展为电子商务物流提供了基础。我国的"金桥""金卡""金关"等金字工程为发展电子商务物流提供了良好的基础。最近几年来，我国的交通状况得到了很大的改观，高速公路网、铁路网、海运网、航空网的发展奠定了物流快速运输的基础。另外，大量涌现的物流企业以及引进先进的物流理论和现代物流技术也将推动电子商务物流系统的发展。

二、发展我国物流的对策

世界各国物流发展的经验表明，市场和企业是物流发展的主要力量，而政府的扶持和导向作用对现代物流业的发展具有不可替代的作用。我国物流业的发展不仅是企业的客户服务行为，同时也需要政府的积极引导和参与，为现代物流业的发展创造良好的市场环境和政策法规环境，促进行业跳跃式发展。

（一）建立健全法规政策体系，引导和扶持行业发展

我国现代物流业的发展需要有交通运输、贸易、海关、工商、税务等政府职能部门和行业管理部门参加的协调和统一的管理机构，专门负责研究、制定和协调物流产业发展的各项法规和相关政策，形成相互协调、有机统一的整体。同时，通过部门协调积极推进大通关建设，提高海关口岸的通关效率。

结合政府城市发展规划，研究制定有利于物流业发展的支持措施和具有前瞻性的现代物流发展专项规划，并与城市规划、土地利用规划、交通规划等结合起来考虑，纳入国民经济和社会发展的总体规划。如借鉴日本的经验，对物流开发运营成立股份制专业公司，政府实行地租减免，并为其提供低息或免息贷款。专业公司统一规划和建设园区的建筑物和基础设施，各参股企业或集团可以根据自身业务大小以优惠价格向专业公司承租建筑物和设施，以保护各投资者利益和避免投资主体之间的相互竞争，保证物流设施的充分利用。

同时，由于物流业覆盖的区域广，各有关主体之间关系复杂，政府应该做好协调工作，形成相互促进、互惠互利的发展局面。特别是通过区域协调，有力地推动物流企业的合理布局、物流环节的合理衔接，形成多式联运有机结合、信息处理通畅、现代物流园区功能互补的大物流圈联动发展体系。

（二）培育和规范物流市场体系，推进物流产业化

我国现代物流的发展要运用现代网络技术，实现连通内外的大贸易、大流通，构建开放性、互联互通的社会化物流配送网络，尽快建立以第三方物流企业为主导的社会化、专业化的物流服务体系。通过改造和提升，培育大型、超大型第三方物流企业和企业集团，促使传统物流企业经营模式转换、升级。通过积极引导和鼓励工商企业剥离物流部门，实行物流业务外包，实现物流活动社会化和物流服务的高效、优质、柔性化。

同时，政府也应鼓励引进资金、技术和管理，加强对外合作，实现"经济全球化""物流无国界"，使我国物流业在短期内实现跳跃式发展，迅速赶上世界先进水平。与此同时，对物流企业采取同等的税收、银行贷款、地租优惠，创造公平竞争的市场环境。

此外，政府还应大力倡导物流企业集约化和协同化发展，通过建立企业联盟或合作型新体系，实现综合物流链管理，共享物流设施，提高物流效率，最大限度地节省社会投资和经营成本，实现系统最优化、整体成本最小化和效益最大化。

（三）积极推进物流标准化和信息化建设

要尽快淘汰已落后于经济技术发展水平的标准，大力推行物流业的标准化体系建设，实现物流标准的国际化和体系化，并在统一标准的基础上不断改进物流技术，实现物流活动的合理化。

同时，通过政府牵头，加快物流业信息平台的建设。通过鼓励各种投资主体参与物流信息基础设施建设，推广 EDI、GPS 技术系统在物流业的应用，加速我国物流业与现代信息技术的结合。特别要依托信息港的建设，将现代物流公共信息平台建设作为城市信息化发展战略的重要组成部分，建立物流业务宽带信息网络和大中型企业物流信息网络，为电子商务提供广泛、及时、准确的国内外物流信息和相关增值业务，实现速度（Speed）、安全（Safety）、可靠（Surely）和低费用（Low）的 3SL 原则。通过集物流企业和航空公司、港口物流代理等一体化的进出港快递联合处理、多式联运网络体系和运用现代信息系统提供及时的组织、中转、分拣、包装、配送等综合服务，实现通关、支付、保险、代理、反馈等各项业务的网上交易。

（四）加强物流人才的培育与引进

我国现代物流的发展对物流人才提出了新的要求，而目前能满足市场需求的物流人才严重短缺。因而政府在制定物流业发展规划的同时也应该重视

物流人才的培养与引进，通过采取长期培养与短期培训相结合、正规教育和在职培训相结合的多层次、多方面培养方针，扩大高素质物流人才的供给，尤其是精通国际物流的复合型人才，如物流管理人员、物流策划人员和物流信息系统开发人员。

同时，积极面向全国和全世界引进高素质物流人才，通过人才的引进，加速国内物流技术更新、管理更新和人才的培养。还可采取召开全国或国际物流研讨会的方式，提高物流业的战略地位和科研管理水平。

（五）大力倡导绿色物流，绿色物流是物流发展的又一趋势

物流虽然促进了经济的发展，但是物流的发展同时也会给城市环境带来不利的影响，如运输工具的噪声、污染排放、对交通的阻塞等，以及生产及生活中的废弃物的不当处理所造成的对环境的影响。绿色物流就是要对物流系统污染进行控制，在物流系统和物流活动的规划与决策中尽量采用对环境污染小的方案，如采用排污量小的货车车型、近距离配送、夜间运货（减小交通阻塞，节省燃料和减小排放）等。我国物流业的发展应高瞻远瞩，在规划、发展初期就制定相关环境保护措施，建立工业和生活废料处理的物流系统，大力倡导绿色物流，将物流对环境的负面影响降至最低。

第三章 网络营销基础

第一节 网络营销解读

一、网络营销的定义

随着互联网在全球范围内的兴起,人们的工作、生活、学习和交流方式得到了巨大的改变,当今世界已经全面进入了以信息网络和信息社会为特征的新时代。世界各大公司纷纷利用互联网提供信息服务和拓展公司的业务范围,并按照互联网的特点积极改组企业内部结构和探索新的管理营销方法,网络营销应运而生。

什么是网络营销?美国教授施特劳斯指出:网络营销是指利用信息技术区创造、宣传、传递客户价值,并且对客户关系进行管理,目的是为企业和各种利益相关者创造收益。从营销的角度出发,网络营销可以定义为:网络营销是建立在互联网基础之上,借助于互联网来更有效地满足顾客的需求和愿望,从而实现企业营销目标的一种手段。网络营销不是网上销售,不等于网站推广,网络营销是手段而不是目的,它不局限于网上,也不等于电子商务,它不能脱离一般营销环境而独立存在,它应该被看作传统营销理论在互联网环境中的应用和发展。

网络营销根据其实现方式有广义和狭义之分。广义的网络营销是指企业利用一切网络(包括社会网络、计算机网络;企业内部网、行业系统专线网及互联网;有线网络、无线网络;有线通信网络与移动通信网络等)进行的营销活动都可以被称为网络营销。狭义的网络营销是指,凡是以国际互联网为主要营销手段,为达到一定营销目标而开展的营销活动,称为网络营销。

总而言之,网络营销是以国际互联网为载体,利用数字化信息和网络媒体的交互性来辅助营销目标实现的一种新型的营销方式。它贯穿于企业营销活动的全过程,是企业整体营销战略的一个组成部分,是为实现企业总体经营目标所进行的，以互联网为基本手段营造网上经营环境的各种活动。

根据以上对于网络营销的分析，对于网络营销的定义的基本理解和认识应避免几个误区：

1. 网络营销不是独立存在的

网络营销是企业整体营销战略的一个重要组成部分，不能脱离一般营销环境存在，在很多情况下，网络营销理论实质上是传统理论在互联网环境中的应用和发展。企业根据其自身特点，决定网络营销在企业营销战略中是主导地位还是辅助地位。但可以预见的是，不论是主导还是辅助，网络营销都是互联网时代市场营销中不可缺少的内容。

2. 网络营销是手段而不是目的

网络营销本身并不是目的，是综合利用各种网络营销方法、工具、条件并协调期间的相互关系，从而更有效地实现企业营销目标的手段。

3. 网络营销不是网上销售

网上销售只是网络营销的一个方面，是网络营销发展到一定阶段产生的结果，但不是唯一结果。网络营销的目的除网上销售外，还包括产品宣传、提升品牌价值、增强客户交流、拓展信息发布渠道、改善客服水平、促进线下销售等。

4. 网络营销不等于电子商务

网络营销和电子商务紧密相关又明显区别。网络营销是利用数字化信息和网络媒体的交互性来辅助营销目标实现的一种新型的营销方式，企业整体营销战略的一个组成部分，其本身是促进商业交易的一种手段。而电子商务是指以电子交易方式进行交易活动和相关服务的活动，其核心在于电子化交易，强调的是交易方式和交易过程的各个环节。网络营销是以电子商务为基础的，电子商务以网络营销为手段，网络营销是电子商务的基础和核心。

5. 网络营销不是"虚拟营销"

网络营销是传统营销在互联网上的一种扩展，企业可以借助网站访问统计工具，了解到用户的地址、IP，以及网站内容的点击量等，用户也可以利用各类社交软件与企业取得联系，进行实时交流。同时，网络营销的手段不仅局限于线上，还注重线上线下相互结合、相互联系的相辅相成、互相促进的营销体系，所有网络营销活动都是实实在在的。

二、网络营销产生的基础

（一）技术基础

互联网的飞速发展及信息和通信技术的广泛应用为网络营销的产生奠定

了技术基础。互联网前身是美国国防部高级研究计划局（ARPA）主持研制的ARPAnet。ARPAnet 于 1969 年投入使用，是现代计算机网络诞生的标志。20 世纪 80 年代以后，网络的商业价值被挖掘出来，逐步发展为全球最大的计算机网络系统，即互联网。互联网的主要功能在于资源共享和数据通信。早期的互联网主要用于军事领域。万维网（World Wide Web，WWW）技术的应用，推动了互联网的商业化进程。1983 年，ARPA 和美国国防部通信局研制成功 TCP/IP 协议；1986 年，美国国家科学基金会（NSF）建立了 NSFnet；1991 年，商用因特网协会（CIEA）成立，因特网（Internet）开始用于商业用途，企业和个人纷纷加入，带动了因特网的发展；1992 年，CERN 研发成功 WWW，促进了因特网的普及。我国于 1994 年 4 月 20 日正式接入因特网，从此中国的网络建设进入了大规模发展阶段。在互联网技术飞速发展的大环境下，网络营销应运而生。

（二）观念基础

网络时代，消费观念的变化奠定了网络营销产生的观念基础。消费者主导的营销时代已经来临，企业营销活动的开展必须围绕着消费者的需求。网络时代的消费者需求呈现出的新特征如下。

1. 个性消费的回归

每个消费者都有自己的个性化需求，心理的认同感已经成为消费者做出购买品牌和产品决策的先决条件，每一个人都希望自己与众不同，不希望被复制。从长尾理论来说，网络营销企业不应该仅仅关注那些有大批消费群体的商品，还应该关注那些只有小众消费者的产品或者服务。

2. 需求具有明显的差异性

网络消费者来自世界各地，由于国别、民族、信仰以及生活习惯的不同，具有明显的需求差异性。不同的网络消费者因所处的时间、环境不同而产生不同的需求，并且在同一需求层次上的需求也会有所不同。这种差异性远远大于实体营销活动的差异。所以，企业开展网络营销要想取得成功，必须在整个生产过程中，从产品的构思、设计、制造到产品的包装、运输、销售，认真思考这种差异性，并针对不同消费者的特点，采取有针对性的方法和措施。

3. 消费主动性增强

如今，网络消费者为了满足自己的个性化需求并避免购物风险，会主动通过网络及各种渠道搜集有关产品、服务及物流的各类信息，网络消费主动性较线下购物明显增强。

4. 追求方便和乐趣并存

在网上购物过程中，消费者除了追求购买的方便之外，还乐于与网友沟通交流，分享心得体会，获得购物乐趣。

5. 价格仍然是影响消费者心理的重要因素

由于互联网天生具有免费和共享的基因，人们习惯于在网络上浏览免费的新闻资讯，使用免费的邮箱，因此低价更加符合网络消费者的习惯性认知；同时，由于网络购物需要承担更多的购物风险，并耗费一定的等待时间，也决定着人们更易接受低价商品。

6. 网络消费具有层次性

网络消费本身是一种高级的消费形式，但就其消费内容来说，仍然可以分为由低级到高级的不同层次。在传统消费中，人们的需求一般是由低层次向高层次逐步延伸发展的，只有当低层次的需求满足之后，才会产生高层次的需求。而在网络消费中，人们的需求却是由高层次向低层次扩展的。在网络消费的初期，消费者侧重于精神产品的消费，如通过网络书店购书。而到了网络消费的成熟阶段，消费者在完全掌握了网络消费的规律和操作，并且对网络购物有了较强的信任感后，会从侧重于对精神产品的购买转向对日用消费品的购买。

7. 需求具有交叉性、超前性和可诱导性

在网络消费中，各个层次的消费不是相互排斥的，而是紧密联系的，需求之间广泛存在交叉。例如，在同一个订单里，消费者可以同时购买最普通的生活用品和昂贵的饰品，以满足生理的需求和尊重的需求。这种情况的出现是因为网络消费者可以在网络平台一站式购齐所需物品，可以在较短的时间里浏览、比较多种商品，从而产生交叉性的购买需求。网络冲浪者大都是具有超前意识的年轻人，他们对新事物反应灵敏，接受速度很快，因此，开展网络营销的企业应充分发挥自身优势，采用多种促销方法，刺激网络消费者的新需求，激发他们的购买欲望，诱导网络消费者将潜在的需求转变为现实的需求，付诸购买行动。

（三）现实基础

激烈的市场竞争奠定了网络营销产生的现实基础。比尔·盖茨曾说："21世纪要么电子商务，要么无商可务。"阿里巴巴创始人马云也曾说过："现在你不做电子商务，五年之后你必定会后悔。"如今，企业正面临着来自全世界竞争对手施加的竞争压力。企业为取得竞争优势，必然会想尽各种办法降低成本，创新营销方式，吸引顾客，传统营销方法已经难以帮助企业在竞争中脱颖而出。企业的经营者也迫切地在寻求变革，以尽可能地降低商品从生产到销售的整个供应链上所占用的成本和费用比例，缩短运作周期。网络营销的产生给企业的经营者带来了希望。企业开展网络营销，不仅可以节约高昂的店铺租金，减少库存资金占用，也可以做到无库存运作；还可以扩大经营规模，使其不受场地限制，方便地采集客户信息，与客户加强互动沟通，提升客户的满意度，维系客户的忠诚度。总体而言，企业开展网络营销，可以收获总体经营成本和费用的大幅降低，缩短运作周期，从根本上增强企业的竞争优势。

三、网络营销的特点及优势

（一）网络营销的特点

市场营销中最重要也最本质的是组织和个人之间进行信息传播和交换，如果没有信息交换，交易也就是无本之木。网络营销是以互联网为载体的市场营销行为，在互联网条件下，网络营销具备了如下特点：

1. 跨时空

营销的最终目的是占有市场份额，由于互联网具有超越时间约束和空间限制进行信息交换的特点，因此使得脱离时空限制达成交易成为可能，企业能有更多的时间和更大的空间进行营销，可随时随地提供全球性营销服务。

2. 多媒体

互联网可以传送文字、声音、图像、动画等多媒体信息，使得为达成交易进行的信息交换以多种形式存在和进行，使营销人员可以充分发挥创造性和能动性，吸引消费者。

3. 交互性

互联网络可以展示商品目录、链接资料库提供有关商品信息的查询，同时可以与顾客做互动双向沟通，搜集市场情报，进行产品测试与消费者满意度调查等，从而切实、有针对性地改进产品与服务，提供高效和优质的客户服务。

4. 个性化

互联网络上的促销是一对一的、理性的、消费者主导性的、非强迫性的、循序渐进式的，而且是一种低成本与人性化的促销，避免推销员强势推销的干扰，并通过信息提供和交互式交谈与消费者建立长期良好的关系。

5. 整合性

互联网络上的营销可由商品信息至收款、售后服务一气呵成，因此也是一种全程的营销渠道。另外，企业可以借助互联网络将不同的传播营销活动进行统一设计规划和协调实施，以统一的传播咨询向消费者传达信息，避免了传播的不一致而产生的消极影响。

6. 超前性

互联网络是一种功能最强大的营销工具，它同时兼具渠道、促销、电子交易、互动顾客服务以及市场信息分析与提供的多种功能。它所具备的一对一营销能力，正符合营销的未来趋势。

7. 高效性

电脑可储存大量的信息，待消费者查询，可传送的信息数量与精确度远超过其他媒体，并能适应市场需求，及时更新产品或调整价格，因此能及时有效地了解并满足顾客的需求。

8. 成长性

互联网的迅速发展使得使用者数量也快速成长，该群体年龄趋向年轻化，受过高等教育，收入稳定且具有较强的购买力和市场营销力，因此是一项极具开发潜力的市场渠道。

9. 经济性

通过互联网进行信息交换，代替以前的实物交换，一方面可以减少印刷与邮递成本，可以无店面销售，免交租金，节约水电与人工成本；另一方面可以减少由于迂回多次交换带来的损耗。

10. 技术性

网络营销大部分是通过网上工作者，通过他们的一系列宣传、推广，这其中的技术含量相对较低，对于企业来说是小成本大产出的经营活动。

（二）网络营销的优势

网络营销作为一种全新的营销方式，以互联网为媒介，利用网络技术与手段，面向特殊的网上市场环境，其价值重点在于可以使生产者到消费者的价值交换更为便利、充分和高效。随着互联网的普及和上网人数的迅速增加，网络营销的影响力也越来越大，其优势主要表现在：

1. 有利于营销空间的扩展

与传统营销受地域、交通等多种因素制约不同，网络营销因其互联网的特性，不受到时间和空间的限制，国际互联网打破国与国、地区与地区的封闭和隔阂，企业将局部的、区域性营销活动延伸至其他地区和国家。企业的交易行为也不受到地域的限制，即使是跨地域，甚至跨国的交易，在网络上也能在较短的时间内轻松实现。同时，企业还能在网络上随时随地对消费者提供 24 小时全球营销服务。

2. 有利于企业成本的降低

网络媒介具有传播速度快、范围广、无时间地域限制、无版面约束、反馈迅速等特点，降低了企业在营销过程中的信息传播成本。客户可以通过互联网了解产品的性能、规格及公司情况，公司也可在互联网中对于产品的各种信息进行及时更新，在更大程度上节约了门店、打印、包装、存储和运输等费用。同时，产品直销功能能帮助企业减轻库存压力，企业能直接通过互联网了解消费者的购买意向，为企业的产品采购提供有力的支持，大幅度降低了库存周转周期，直接降低了企业的运营成本。

3. 有利于营销环节的精简

信息技术的迅速发展，消费者个性化需求越来越高，网络技术的发展使得消费者的个性化需求成为可能。在网络环境下，企业能够轻易地通过对数据库的管理，实现真正的"一对一"营销，消费者也拥有比过去更大的自主权，这使得消费者在营销中逐渐由被动接收变为主动参与，他们根据自己的需求对产品进行查询，通过企业网站或虚拟商店，获取产品的相关信息，根据自己的需求下订单，并参与到产品的设计制造和更新换代，使企业的营销环节大为简化。

4. 有利于信息量的扩展

网络的多媒体性让企业可以通过多种方式和手段充分表现企业文化、形象、产品等内容，能对企业及其产品进行全方位的介绍，消费者还可以与其他产品进行对比，最大限度地将信息量进行扩充，将企业形象和企业产品进行了完整全面的宣传，增加了消费者对企业的认同感和对产品的了解及信任度。

四、网络营销的发展趋势

互联网至今已全面进入 Web3.0 时代，它彻底改变了人们的生活，以互联网为载体的网络营销在此基础上也将发生以下变化。

（一）移动终端优化日趋重要

CNNIC 在最新的《第 38 次中国互联网络发展状况统计》报告中指出："截至 2016 年 6 月，我国手机网民规模达 6.56 亿，网民中使用手机上网的人群占比由 2015 年底的 90.1% 提升至 92.5%，仅通过手机上网的网民占比达到 24.5%。"由此可见，移动终端在人们的日常生活中处于越来越重要的地位。基于此，越来越多的企业将营销目光投向了移动终端。"无移动，不营销"，面向移动终端的应用优化比任何时候都显得重要。移动策略不再仅限于企业设立响应式网站或开发移动应用,而是将面向移动终端优化的内容和社交媒体营销作为重点性内容。

(二)社交媒体营销成为网络营销的重要渠道

移动互联网的盛行,使得企业将网络营销的热点放置于各个主流社交媒体,例如微信朋友圈。微信朋友圈广告采用了 Feed 信息流形式,与平常能够看到的朋友圈原创形式相似,由文字、图片信息共同构成,用户可以点赞或者评论,也看到朋友们给出的评论,并形成互动。企业通过这种方式增加了曝光率和访问流量,并对企业形象、最新产品等进行宣传。利用互联网技术,用户仅在进行特定动作,如网站点击、应用下载和电子邮件输入等行为才能触发广告费的有效支付,这意味着中小型企业出资这类目标导向的广告方案也成为可能。

(三)内容创意成为网络营销的重点

随着市场营销人员不断看到内容营销策略的好处,以往专门用于搜索引擎点击付费(PPC)、搜索引擎优化(SEO)和社交媒体营销的预算,将会被重新分配给内容营销相关的工作。不过,最艰苦的工作将是如何找出适当的办法,从其他同样极力博取用户关注的海量竞争内容中脱颖而出。案例分析、视频内容、包含大量研究数据的内容,还有遵守 12 项品质标准的内容,都将会成为有效的手段,为企业带来凌驾于竞争对手的一大优势。

企业将会越来越愿意在移动内容上有所投入,包括制作在移动设备上易于阅读的短小内容,理解目标用户的移动设备使用习惯,并将更多的重心放在可以借助移动设备轻松消费的视频和可视化内容上。

(四)情感营销实现企业的人性化

随着社交媒体的兴起,企业将会意识到,消费者都是利用社交媒体渠道与他人进行互动,并且不会采用任何涉及品牌和具体企业的隐语。如何通过人性化言行快速与客户建立关系,获得更高的转化率,更强的品牌忠诚度,更快的用户增长,以及满足客户的更高要求,是企业未来网络营销的重点。

(五)基于用户需求的原生广告迅速发展

过去几年里,网络广告的点击率一直在下降,企业已经完全意识到横幅广告在推动销售业绩方面力有未逮,原生广告应运而生。原生广告是从网站和 APP 用户体验出发的盈利模式,由广告内容所驱动,融合了网站、APP 本身的广告,这种广告会成为网站、APP 内容的一部分。据统计,原生广告的点击率比非原生广告高出220%，原生广告的商业化效果显见。除了社交媒体以外，很多工具类APP也推出了与场景融合的原生广告。随着原生广告的日益普及，市场营销人员会找出新的方法，降低原生广告的推销意味，加强针对用户需求的对连度。

（六）大数据平台下的精准营销

大数据平台下的营销衍生于互联网行业，又作用于互联网行业。依托多平台的大数据采集，以及大数据技术的分析与预测能力，通过对于用户的需求对产品进行定制和改善，从而有媒体导向向用户导向转变。同时，企业通过大数据开展精准的推广活动，例如分析定位到有特定潜在需求的受众人群，并针对这一群体进行有效的定向推广以达到刺激消费的目的，并且还能对既有消费者的购物习惯、偏好清晰地加以一对一的实施定制化产品推送，企业还可以依据既有消费者的不同人物特征将客户进行分类，再用不同的侧重方式和定制化活动对其进行精准营销，这使得企业通过推广活动实现由用户需求决定生产，转化率也更高。

第二节 网络营销组合策略

一、网络营销产品策略

（一）网络营销产品的整体概念

产品是指能够提供给市场，能满足顾客需求和欲望的任何东西。整体产品是指能满足顾客某种需求和利益的物质产品和非物质形态的服务。

网络营销产品的整体概念包括五个层次，从里层到外层分别是核心产品层次、有形产品层次、期望产品层次、延伸产品层次和潜在产品层次。

1. 核心产品

核心产品是指产品能提供给顾客的基本效用或利益。例如，顾客购买旅游产品是为了放松身心，休闲娱乐；购买空调是为了调节温度；购买数码相机是为了记录生活的点滴，留下美好的回忆；购买保健品是为了补充营养元素，保持健康的体魄。

2. 有形产品

有形产品也称形式产品，是指产品在市场上所呈现出的具体物质形态，一般通过产品的外观、质量、特色、包装、品牌、商标等表现出来。

3. 期望产品

期望产品是指顾客在购买产品前对产品的质量、特点和使用方便程度等方面的期望值。

例如，某人决定花 2000 元预算购买一台智能手机，那么他心目中对这台智能手机的属性与条件一定有所期望，比如他希望这台智能手机拥有超大屏幕、大容量内存、高清晰摄像头、更强的兼容性等，同时他认为这些属性与条件是理所当然、必须要有的，否则他不会考虑购买。

4. 延伸产品

延伸产品也称附加产品，指顾客购买产品时所得到的销售服务与保障，包括送货上门、安装、售后服务、咨询、培训、消费信贷安排等。IBM 说："我们不是卖计算机，而是卖服务。"宝马说："我们不卖汽车，卖的是生活方式。"两者强调的都是延伸产品。

5. 潜在产品

潜在产品指示可能的发展前景，是产品的一种增值服务。潜在产品与延伸产品的主要区别：顾客没有潜在产品仍然可以很好地使用顾客需要的产品的核心利益和服务。

例如，亚马逊会根据客户的购买记录、搜索记录和收藏记录，判断客户的个性化需求和偏好，进行个性化推荐，显示为"猜您喜欢"，客户会惊喜地发现自己感兴趣的图书正好在推荐之列，从而提升转化率和客户体验。亚马逊正是通过对客户在与亚马逊交互的过程中留下的各种信息进行数据分析，并利用自身掌握的大数据进行数据挖掘，进而完成个性化推荐的。

（二）网络营销产品的分类

根据产品的形态差异，网络营销产品可分为实体产品和虚拟产品；根据产品在购买时能否确定或评价其质量，网络营销产品可分为可鉴别性产品和经验性产品。

1. 实体产品和虚拟产品

（1）实体产品。实体产品是指有具体物理形状的物质产品，如服装、食品、化妆品、图书、家电等。

（2）虚拟产品。虚拟产品是指没有具体物理形状，无须物流配送的产品。虚拟产品又可分为软件和服务。软件包括计算机软件、电子游戏等。服务包括普通服务和信息咨询服务等。普通服务包括远程医疗、航空火车订票、入场券预定、饭店旅游服务预约、医院预约挂号、网络交友、网络游戏等。信息咨询服务包括法律咨询、医药咨询、股市行情分析、金融咨询、资料库检索、电子新闻、电子报刊等。

2. 可鉴别性产品和经验性产品

可鉴别性产品是指消费者在购买时就能确定或评价其质量的标准化程度比较高的产品，如书籍、计算机等。

经验性产品是指消费者只有在使用之后才能确定或评价其质量的产品。例如，服装需要试穿，食品需要试吃，护肤品需要试用，它们都属于经验性产品。

可见，可鉴别性产品由于其质量容易鉴别，因此易于实现大规模的网络营销。

（三）选择网络营销产品的原则

1. 产品的消费对象与网民结构一致

企业开展网络营销，必须考虑到产品的消费对象是否为网民群体，如果产品的消费对象不上网，或者对网络购物较为抵触，那么开展网络营销收效甚微。

2. 产品的质量容易鉴别

由于消费者上网购物，只能通过网页呈现的图片和文字信息来了解产品，因此更倾向于购买质量容易鉴别的可鉴别性产品，从而降低购物风险。而对于古董之类的价格高、存在众多仿品、需要专家鉴定的产品则更适合在线下交易。

3. 产品以传统方式难以购买

网络营销的产品应该具有一定的个性化特征，如果在传统渠道能够轻易购买到，消费者花费时间等待，承担较大购物风险的意愿就会下降。

4. 配送成本适合于网上销售

对于实体产品而言，物流配送是一个不可或缺的重要环节。网络营销产品的配送成本一定要在合理的可控范围，要实现一定的经济性，否则就会削弱网络营销产品的价格优势，降低网络购物的吸引力。

二、网络营销服务策略

（一）网络营销服务的定义和特点

1. 网络营销服务的定义

网络营销服务是指以互联网为基础，利用数字化的信息和网络媒体的交互性来辅助营销目标实现的一种新型的市场营销服务方式。

2. 网络营销服务的特点

（1）突破时空限制

顾客为寻求服务，往往需要花费大量体力和精力。基于互联网的远程服务如远程医疗、远程教育、远程订票等，则可以突破服务的时空限制，让顾客足不出户就可以解决问题。

（2）可以提供更高层次的服务

顾客可以通过互联网了解丰富的产品信息，甚至可以直接参与产品的设计、制造、定价、配送等全过程，最大限度地发挥顾客的主动性，满足顾客的个性化需求。

（3）顾客寻求服务的主动性增强

网络营销时代，顾客个性化需求凸显，由于网络营销服务工具多样，减少了顾客寻求服务的障碍，顾客通过互联网可以采用多种方式直接向企业提出要求。

（4）服务效益提高

对于提供服务的网络营销企业而言，通过互联网实现远程服务，有利于扩大服务市场范围，增进企业与顾客之间的关系，培养顾客忠诚度，减少企业的营销成本，进而提高服务效益。

（二）网络营销服务的分类

1. 网上售前服务

网上售前服务是企业在顾客未接触产品之前所开展的一系列刺激顾客购买欲望的服务工作。对于网络营销而言，售前服务是指卖方将商品及服务信息通过网络进行展示，买方与卖方就商品、服务及订单信息进行咨询、洽谈，同时卖方为买方解决下单购买可能存在的一系列问题。

2. 网上售中服务

网上售中服务是指在产品销售过程中为顾客提供的服务。对于网络营销而言，售中服务是指产品的买卖关系已经确定，在等待产品送到指定地点的过程中，买方需要向卖方咨询，以了解订单执行情况、产品运输情况等。

3. 网上售后服务

网上售后服务是借助互联网直接沟通的优势，以便捷方式满足顾客对产品帮助、技术支持和使用维护的需求。对于网络营销而言，售后服务是指卖方需要为买方提供退货、换货、返修及产品的技术支持等服务。

（1）仅退款

申请条件：买家未收到货，或已收到货且与卖家达成一致不退货仅退款时。

退款流程：申请退款→卖家同意退款申请→退款成功

（2）退货退款

申请条件：商品存在问题，或者不想要了且与卖家达成一致退货。退货后需保留物流底单。

退货流程：申请退货→卖家发送退货地址给买家→买家退货并填写退货物流信息→卖家确认收货，退款成功。

（3）换货

申请条件：买家与卖家协商一致换货。退货后需保留物流底单。

换货流程：申请换货→卖家发送退货地址给买家→买卖双方线下完成换货→买家线上确认完成换货。

（4）维修

申请条件：买家与卖家协商一致维修。退货后需保留物流底单。

维修流程：申请维修→卖家发送退货地址给买家→买家退货→卖家线下完成维修→卖家将维修好的商品寄给买家→买家线上确认完成换货。

（三）网络营销个性化服务

1. 网络营销个性化服务的定义

网络营销个性化服务也称网络营销定制服务，即按照网络消费者的要求提供特定服务，亦即满足网络消费者的个别需求。

2. 网络营销个性化服务的方式

（1）服务时空的个性化

服务时空的个性化指的是在人们希望的时间和希望的地点得到服务。比如，不论何时何地想要进行查询、转账业务，都可以登录网上银行进行操作。

（2）服务方式的个性化

服务方式的个性化是指根据顾客的个人喜好进行服务。比如，银行提供了包括电话银行、手机银行、网上银行、微银行等多种服务渠道，顾客可以根据自己的喜好进行选择。

（3）服务内容的个性化

服务内容的个性化是指顾客可以根据自身需求，选择愿意接收的服务内容，做到各取所需，各得其所。

三、网络营销价格策略

（一）网络营销价格的特点

1. 全球性

随着消费者购买需求的多样化，网络购物选择的范围已经跨越了国界限制，已有众多消费者选择海淘方式，直接通过国外电商平台选购商品。因此，网络营销企业在定价时必须注意全球范围内的竞争对手的定价策略对自己的影响，在考虑汇率换算、物流费用等基础上，制定一个有竞争力的价格。

2. 顾客主导定价

在传统营销渠道，企业明码标价，顾客只能被动接受企业制定的价格；在网络营销渠道，企业可以通过拍卖和提供个性化定制两种方式实现顾客主导定价。

3. 低价位定价

由于互联网天生具有免费和共享的基因，人们习惯于在网络上浏览免费的新闻资讯，使用免费的邮箱，因此低价更加符合网络消费者的习惯性认知；同时，由于网络购物需要承担更多的购物风险，并耗费一定的等待时间，也决定着人们更易接受低价商品。

（二）常用的网络营销定价策略

1. 折扣定价策略

折扣定价策略是指在原价的基础上进行打折来定价。根据打折的原因不同，折扣定价策略包括数量折扣策略、现金折扣策略和季节折扣策略。

（1）数量折扣策略

数量折扣是指对购买数量大者给予的折扣，数量越多则折扣率越大。其可分为累计数量折扣和非累计数量折扣。累计数量折扣鼓励一定时期内常购、多购，非累计数量折扣则鼓励一次性多购。

（2）现金折扣策略

现金折扣策略又称付款期限折扣策略。

（3）季节折扣策略

季节折扣策略是指卖方为鼓励买方在淡季购买而给予的折扣，目的在于鼓励淡季购买，减轻仓储压力，利于均衡生产。

2. 竞争定价策略

随时关注竞争者的价格变动，要调整自己的定价，以时刻保持同类产品的相对价格优势。如今，消费者已经可以通过众多的比较购物搜索引擎，快速获知商品在不同电商平台的售价情况，实现货比多家，因此网络营销企业更需要时刻关注竞争者价格的变动情况，做出灵活调整，以保持价格优势。

3. 声誉定价策略

利用消费者仰慕名牌商品或名店的声望所产生的心理，为商品定高价，彰显名牌优质高价的形象。

4. 捆绑定价策略

捆绑定价策略是指将两种或两种以上的相关产品，捆绑打包出售，并制定一个合理的价格，降低顾客对价格的敏感程度。

5. 集体议价策略

集体议价策略是指多个购买者联合购买同一类商品而形成一定的购买规模，以获得优惠售价的交易方式。当销售量达到不同数量时，厂家制定不同的价格，销售量越大，价格越低。团购运用的就是集体议价策略。

6. 定制定价策略

定制定价策略是在企业能实行定制生产的基础上，利用网络技术和辅助设计软件，帮助消费者选择配置或者自行设计能满足自己需求的个性化产品，同时承担自己愿意付出的价格成本。

7. 拍卖竞价策略

网上拍卖是目前发展比较快的领域，经济学家认为拍卖竞价可以导致市场形成最合理的价格。网上拍卖由消费者通过互联网轮流公开竞价，在规定时间内价高者得。

8. 免费价格策略

（1）免费价格策略的定义

免费价格策略即将企业的产品和服务以零价格形式提供给顾客使用，满足顾客的需求。

（2）免费价格策略的类型

①完全免费

完全免费是指产品和服务从购买、使用和售后服务所有环节都实行免费。

②限制性免费

限制性免费是指产品和服务可以被有限次使用，超过一定期限或者次数后，取消免费服务，开始收费，或者必须要满足一定的限制性条件才可以免费使用产品。

③部分免费

部分免费是指对于网站提供的产品和服务分为两部分：部分免费、部分收费。

④捆绑式免费。捆绑式免费是指购买某产品和服务时赠送其他产品和服务。例如，在万网注册域名，可享有免费的隐私保护、免费的域名锁、免费的小云监测工具等。

（3）免费价格策略的目的

①让消费者在免费使用形成习惯或偏好后，再开始收费。免费提供产品

和服务给消费者使用，目的在于培养消费者的使用习惯，后续即使收费，消费者也可能会由于较高的转换成本而愿意继续付费使用。2006年12月发生在我国台湾地区的地震导致海底通信光缆中断。

由于当时许多国外杀毒软件在中国内地没有升级服务器，使得数百万国内个人用户、数十万企业和政府局域网用户无法升级。而光缆完全修复可能需要1个月的时间，年底又是各种病毒肆虐的高峰，这意味着这些用户的计算机完全向病毒和黑客敞开了大门。针对这一情况，瑞星公司决定从2006年12月29日至2007年1月29日，瑞星杀毒软件对所有用户免费开放1个月。当光缆修复完毕，国外杀毒软件可以继续升级后，瑞星也开始收费了，但是用户使用瑞星杀毒软件已经形成了习惯，所以可能会继续付费使用。

②发掘免费策略背后的商业价值，先占领市场再获取收益。通过免费策略培育市场，获得较为稳定的客户群体后，再开始在其他产品或服务上获取收益。比如，网易、新浪、搜狐是我国著名的门户型网站，它们都提供免费的新闻供网民浏览，有免费的邮箱供网民使用，其目的是提升网站的网页综合浏览量，营造眼球效应，提升广告价值，进而获取高额的广告收益。广告收益已成为门户型网站的主要收入来源。

（4）免费产品的特点

①易于数字化。互联网是信息交换平台，其基础是数字传输。易于数字化的产品都可以通过互联网直接传递，实现零成本的配送，这与传统产品需要通过物流配送形成了巨大区别。企业只需将这些免费产品放置到企业的网站上，用户就可以通过网络进行下载，而企业只需付出较低成本就可以实现产品推广。

②无形化。采用免费策略的多是一些无形产品，它们只有通过一定载体才能表现出一定形态，如软件、信息服务、音乐、电影等，这些无形产品可以在网络上实现快速传输。

③零制造成本。零制造成本是指产品开发成功后，只需要通过简单复制就可以实现无限量的自动复制生产。企业只需投入软件研发费用即可，新增一个用户对企业而言不会增加额外的生产成本。

④成长性。采用免费策略的目的一般都是利用高成长性的产品推动企业占领较大的市场，为未来市场的发展打下坚实的基础。

⑤冲击性。"免费"具有极强的视觉冲击感。采用免费策略的产品，其主要目的是推动市场成长、开辟新的市场领地。

⑥间接收益。采用免费价格策略的产品或服务一般都具有间接收益的特点，以帮助企业通过其他渠道获取收益。例如，多数门户型网站提供免费的

新闻和邮箱供用户使用,再在网络广告上获取间接收益。

四、网络营销渠道策略

网络营销渠道是借助互联网将产品从生产者转移到消费者的中间环节。

(一)网络营销渠道的功能

1. 订货功能

网络消费者可以通过网络营销渠道提供的图文并茂的商品信息页面,了解、比较商品,与卖家就商品细节进行沟通,进而下单选购。

2. 结算功能

网络营销渠道提供了多种支付结算工具,包括货到付款、银行卡快捷支付、信用卡、支付宝、微信等,可以让客户足不出户,完成货款支付。

3. 配送功能

对于实体产品,网络营销渠道可以通过物流公司的帮助将商品送到客户手中;对于虚拟产品,顾客则可以直接点击卖家提供的下载链接获取。

4. 服务功能

网络消费者可以通过网络营销渠道获取卖家为商品提供的售前、售中和售后服务。

(二)网络营销渠道的类型

1. 网络营销直接渠道

网络营销直接渠道是指产品从生产领域转移到消费领域时不经过任何中间环节的网络分销渠道。

2. 网络营销间接渠道

网络营销间接渠道是指产品从生产领域转移到消费领域时经过若干中间环节的分销渠道。

(三)双道法

双道法是指企业在进行网络分销决策时,同时使用网络营销直接渠道和网络营销间接渠道,以达到销售量最大的目的。

例如,消费者在网上下单购买实体产品并付款后,企业仍然需要借助分销商完成送货、安装、服务等活动,即分销商需要承担送货职责。另外,由于存在着许多不上网的消费者,所以企业仍然需要借助传统分销商的帮助开展营销活动。

（四）解决线上线下渠道冲突的方法

1. 渠道隔离

渠道隔离是指当一种商品在两个渠道中同时销售发生冲突时，对同一种商品制造人为差异来隔离这两个渠道的做法。

在传统零售业的竞争中，大型廉价折扣店和昂贵的百货店形成了两个阵营。但是，双方经营的很大一部分商品是重合的，对供应商而言，这就产生了典型的渠道冲突。这种现象一度给供应商带来顾此失彼的苦恼。解决问题的办法是用对同一种商品制造人为差异来隔离这两个渠道。

渠道隔离的具体做法有：开发"网络专供款"，区分线上线下销售的品种。比如，对于同一款T恤，"淘宝专供款"含棉量为50%，"专柜专供款"含棉量为100%。对于很多品牌商品，会将新品放在实体专卖店销售，旧款、断码款放在网上销售，或者将受消费者欢迎的花色和图案款放在实体专卖店销售，市场反响不够热烈的花色和图案款放在网上销售，从而造成线上线下所售商品的差异性。

2. 渠道集成

渠道集成，即把线下渠道和线上渠道完整地结合起来，充分利用线上和线下的优势，共同创造一种全新的经营模式。

五、网络营销促销策略

网络营销促销是利用现代化的网络技术向虚拟市场传递有关产品信息，以引发需求，引起消费者购买欲望和购买行为的各种活动。

（一）网络营销促销的作用

1. 告知功能

企业通过开展网络促销活动可以把企业的产品、服务及价格等信息传递给目标公众，引起他们的注意。

2. 说服功能

目前，产品同质化现象凸显，许多产品往往只存在细微差别，用户难以察觉。企业通过网络促销活动，宣传自己产品的特点，使消费者认识到本企业的产品可能给他们带来的具有吸引力的效用和利益，进而决定购买本企业的产品。

3. 反馈功能

网络促销能够通过包括电子邮件在内的各种形式及时地收集和汇总顾客的需求和意见，迅速反馈给企业管理层作为决策依据。同时，网络促销所获得的信息准确、可靠性强，对企业经营决策具有较大的参考价值。

4. 创造需求

企业通过开展网络促销活动，不仅可以诱导消费者产生需求，而且可以创造需求，发掘潜在的顾客，扩大销售量。

5. 稳定销售

由于季节及消费周期等因素的影响，网络营销企业的产品销售量并不均衡，会出现较大波动，呈现出销售淡旺季之分。企业通过开展网络促销活动，可以刺激消费者产生购买欲望，付诸购买行动，从而达到稳定销售的目的，有利于企业控制库存和制定采购或生产计划。

（二）网络营销促销的形式

网络营销促销的形式有四种，分别是网络广告、站点推广、销售促进和关系营销。

1. 网络广告

网络广告是确定的广告主以付费方式运用互联网媒体对公众进行劝说的一种信息传播活动。

网络广告的主要类型包括全屏广告、炫景广告、通栏广告（旗帜型广告）、对联广告、矩形广告、按钮广告、摩天楼广告、插页式广告、关键字广告和文字链广告等。

网络广告的计费方式包括千印象成本（CPM）、每点击成本（CPC）、每行动成本（CPA）、每回应成本（CPR）、每购买成本（CPP）、按业绩付费（PFP）、以搜集潜在客户名单多少计费（CPL）、以实际销售产品数量来换算广告刊登金额（CPS）、按时间计费（CPT）。例如，淘宝钻展采用 CPM 竞价方式，而淘宝直通车采用 CPC 计费方式。

2. 站点推广

站点推广是指利用网络营销策略扩大网站的知名度，吸引网民访问网站，增加网站流量，从而起到宣传和推广企业及产品的效果。

站点推广的主要方法包括搜索引擎登录、交换链接、电子邮件推广、登录新闻组论坛等发布推广信息、发布网络广告、使用传统媒介等。

3. 销售促进

销售促进也称营业推广，是指企业运用各种短期诱因鼓励消费者和中间商购买、经销企业产品和服务的促销活动。常见的销售促进方式包括打折、送赠品、买一送一、抽奖、免费试用、秒杀、团购等。

4. 关系营销

关系营销是指通过互联网的交互功能吸引用户与企业保持密切的关系，

培养顾客的忠诚度，提升顾客价值。

（三）网络促销的实施程序

1. 确定网络促销对象

网络促销对象包括产品的使用者、产品购买的决策者、产品购买的影响者。

2. 设计网络促销内容

产品生命周期分为引入期、成长期、成熟期和衰退期。应根据产品生命周期不同阶段的特点设计网络促销内容。在引入期，网络促销应侧重于宣传产品的特点，引起消费者的注意；在成长期，网络促销应侧重于劝说消费者，使其产生购买欲望；在成熟期，应侧重于树立企业形象，提醒购买，巩固已有市场；在衰退期，应加强与消费者之间的情感联系，通过各种销售促进方法，延长产品的生命周期。

3. 决定网络促销组合方式

企业应当根据产品及消费者的特点，在网络广告、站点推广、销售促进、关系营销中选择合理的促销方式，形成网络促销组合方式，以达到最佳的促销效果。一般来说，对于日用消费品，网络广告的促销效果较好；对于大型机械产品，站点推广的效果较为明显。

4. 制订网络促销预算方案

企业应明确采用各种网络促销方式所应支付的费用，在能够接受的合理范围内，严格控制预算，制订预算方案。

5. 衡量网络促销效果

应充分利用统计软件，对网络促销的效果进行统计，统计指标一般包括网页综合浏览量（PV）、独立访客（UV）、点击次数、CPM、CPC等。

6. 加强对网络促销过程的综合管理

在网络促销活动实施过程中，应不断进行信息沟通和协调，对偏离预期促销目标的活动进行调整，以保证实现既定的促销目标。

第四章 营销型网站的搭建与策划

第一节 解密营销型网站

一、什么是营销型网站

提到互联网战略就离不开网络营销，离不开电子商务的实施，而网站是实施网络营销和电子商务的主要场所。

在整个网络营销环节中，网站起着承上启下的作用。在网站之上进行的工作是网络推广，利用各种网络推广手段将源源不断的访客从互联网中引进我们的网站，然后通过网站内业务的介绍，让有意向购买的访客产生询盘或直接成交行为；最后一个环节是让访客在询盘后，使商务接洽过程实现销售成交。简单来说就是：网络推广——引入访客——产生咨询——促成交易。

当然，作为网络营销活动的主阵地，网站有着其他销售终端所不具备的、自身特有的优势。企业在商场超市里做促销，促销柜台和促销人员在，就可实现销售，但撤走了就很难再实现销售。企业印制的宣传册需要顾客看到，顾客才有可能与企业联系；若无法送达顾客手中，则同样无法实现销售，同时，印刷好的宣传资料是无法马上进行修改更新的，除非重新排版设计、重新印刷，所以内容的更新成了一件比较麻烦的事情。

而网站的不同之处在于：网站是一个不间断的销售展示平台，不一定需要在线看护，不一定需要促销活动，只要有需求的访客到访网站，即能产生销售的可能性。同时，网站也以其更新的便利性面向快速变化的市场，及时调整网站内容，达到企业营销的目的。所以，网站是企业在互联网上 365 天不间断的销售阵地，可以通过网络营销手段带来的目标客户在网站上进行成交转化，达到销售的目的。

一个建好的网站需要流量，需要有目标访客的点击，需要有体现企业的网络营销活动，需要通过网站获得意向客户，实现成交获得真金白银。这一切都决定了我们需要给自己的企业建设一个具有营销力的有价值的网站。因此，简单来讲，营销型网站指具有营销力的价值型网站。网站需要精准体现企业的经营活动，准确阐述企业经营活动的业务重点，能有打动意向客户的核心卖点，能传递企业的价值主张，能凸显企业的服务能力和经营品质，能产生自动营销的效果，源源不断获取新的目标客户的访问，能自动从网站上获取意向客户的询盘，帮助企业实现找到意向客户、塑造自身价值、建立客户信任、设置销售信号、促使意向客户转化成交的目的。

营销型网站的重要特征是网站要取得营销效果，也就是说，营销型网站需要体现营销力，而营销力主要体现在以下三个方面：

第一，网站的公信力。所谓公信力就是网站所表达的内容必须取得目标客户的信任，让目标客户相信企业的经营活动是真实的、可靠的、有保障的。

第二，网站的销售力。销售力体现在网站需要在目标客户取得基础信任的前提下，吸引访客进一步取得与企业的联络，或者是直接在网站上成交，这里靠的就是网站设置的相应的销售信号。

第三，网站的传播力。传播力指网站能受到搜索引擎蜘蛛爬虫的欢迎，能让爬虫喜欢你的网站，能通过爬虫收集网页的内容，让企业的业务关键词在搜索引擎中靠前位置出现你的网站，通过目标客户的搜索带来有意向客户的访问，产生自动营销的效果。

二、营销型网站重要性之一：吸引有效目标访客

能有效吸引目标访客的网站应具备两个价值：一个是常规价值。所谓的常规价值就是网站的访客是公司的员工、已有的客户以及已有的合作伙伴，这类访客群体的价值在于让已知企业的访客来访问我们的网站，了解企业经营活动的具体内容。另一个是营销价值。营销价值体现为访客是意向客户，通过陌生意向客户的访问，让这些陌生客户通过网站上对企业经营内容的翔实介绍产生对企业的认同感，进而利用网站上公布的联络方法，主动与企业取得联络，洽谈生意。

要成为营销型网站，首先我们要了解一个问题，就是企业的网站是做给谁看的。这个问题并不难回答，网站就是做给访客看的，那谁是网站的访客呢？谁又会是网站的有效访客呢？先来看看访客大概由哪些人群组成：

1. 公司内部员工

每家企业的内部员工都会不定期去浏览一下自己企业的网站，查看各种动态。

2. 同行从业人员/竞争对手

按照一般规律,企业的竞争对手比企业自身更会关注企业的网站,因为处在同行竞争序列,同行了解竞争对手的渠道之一就是访问竞争对手的网站。

3. 客户或合作伙伴

企业经营过程中会通过名片、展会等形式推广自己的网址,已经与企业产生合作关系的客户或合作伙伴,也会通过已知的网站域名或者是搜索引擎访问企业的网站,以了解企业的经营活动状况。

4. 意向客户

暂时还未与企业合作,但对企业经营的业务有需求的意向客户,这一类客户或许通过搜索,或许通过其他第三方推荐介绍,在企业未知的状态下,先来访问企业的网站。

大部分的企业网站,访客大概包括以上四类群体,在这四类群体中,最有价值的访问群体是客户或意向客户。一个真正具有营销力的网站,不在于自身所访问的次数和同行来访问的次数,而在于客户或意向客户的来访次数,在于客户或意向客户来访后,通过网站的详细业务介绍,提供更好的线上服务,促进和帮助企业经营业务的成交。

所以,我们要明确一个目的:网站是做给我们的目标客户看的,一个网站是否具有营销力,首先就要看来自目标客户的流量有多少,如果目标客户的流量足够大的话,那么再加上网站本身具有较能吸引目标客户的内容,那么就可以有效地促进这些目标客户进行转化成交。

三、营销型网站重要性之二:带来源源不断的客源

企业网站挂在互联网上,来访问网站的除了人以外,还有另外一类"非人类",这类"非人类"指的是搜索引擎的蜘蛛爬虫,这些搜索引擎的蜘蛛爬虫是一种智能程序,这些程序会在企业不知情的情况下,自动访问各种网站,记录各个网站的内容,并把所记录的内容存储到搜索引擎数据库中,记录的同时还会对网站的内容进行分析,分析该网站属于哪个企业,经营何种业务。网民在搜索引擎中搜索企业的名称或者是业务关键词的时候,该网站就会被显示在搜索结果中,从而引导网民到访这个网站。

在通常情况下,访客很少会去记忆企业由数字或字母组成的域名,很少直接通过输入域名进入某个网站,访客想打开某个网站时,常用的方法是记住这个企业名称,在搜索引擎中输入企业的名称,在搜索引擎结果页中找到显示的网站标题和相应内容描述,进而访问他们想看的网站。

一个有营销力的网站,一定是搜索引擎的蜘蛛爬虫也喜欢的网站,网站

一定要符合搜索引擎蜘蛛爬虫的规律，让网站内容有效地被爬虫抓取并帮助爬虫有效地归类网站内容，从而让目标访客通过搜索引擎搜索时较为容易地在搜索结果中找到。

访客在搜索引擎中搜索企业的名称能找到该企业的网站，这只是完成了最基础的一步，毕竟企业名称都具有唯一性的特性，更为重要的是访客通过搜索你的业务关键词，并非企业名称关键词，同样也能找到你的网站，让访客在不知道企业名称的情况下，依然可以到访你的网站，了解他们想要获取的业务内容，这一类型访客的价值是非常大的。

所以，网站还需要做给搜索引擎的爬虫看，通过爬虫来获取更多目标访客的访问，这样的话，网站的营销价值才能得到最大化的展现。

四、营销型网站重要性之三：产生最大转化效果

网络营销中有许多推广方法，比如搜索引擎营销、邮件营销、第三方平台推广、微博营销、网络广告投放、视频营销、移动互联网营销等，这些推广活动的最终目的都是为了找到企业的目标客户，把目标客户的流量吸引到网站来，通过网站获取访客联络方式实现成交。

搜索引擎营销是指在百度、谷歌等搜索引擎上展示网址链接，目的是让目标客户看到网址链接后点击到达网站；邮件营销是策划一系列的邮件，收集好目标客户的邮件地址，在集中发送的邮件中是不太可能放上全部的信息内容的，邮件的目的只是吸引或打动访客，最终还是需要目标客户收到邮件后点击邮件中的链接，回到企业的网站上详细了解；第三方平台推广是指在第三方平台上放置企业想要放置的所有内容，其目的也是为了在第三方平台上展示，通过展示吸引目标客户点击至企业网站详细了解，但这是比较难实现随心所欲地放置内容的；微博营销，微博只能发布140个字以内的内容，同样需要在微博中加上网址链接，吸引目标客户点击链接后到网站上去详细了解；网络广告投放，指设置图片广告的内容吸引目标客户点击，点击后同样也是让访客回到网站来；以网站作为网络营销的转化核心，围绕网站去做相关的网络推广活动，让网站成为整个网络营销活动的转化中心，通过推广带来的流量在网站上实现转化。

如果要建一个有营销力、有转化作用的营销型网站，就要站在企业整体网络营销推广的高度，考虑好企业的营销推广方式与网站的结合。网站的各栏目内容、各页面内容对应到同类的推广活动中，让网站与推广从内容到形式一脉相承，推广的过程中所描述的重点、关键点在网页中同样得到体现并进行详细阐述，获得更好地转化率，同时还需要在推广活动开展的过程中，

监测网站及各部分推广的数据，研究各类推广活动中不足之处并进行改正，找出成本效益比较高的方法，保持网络营销推广的持续有效性。

第二节 网站的蓝图规划

一、以营销为导向的网站布局关键要素

首先我们需要认识一个好的营销型网站由哪些部分组成。

（一）网站头部：告诉访客我是谁，我是做什么的

很多公司在设计网站的时候，第一部分即"头部"就没有处理好。网页头部最基本的功能是清晰而准确地告诉访客我是谁，我是做什么的。很多企业不明白这一点，只告诉访客公司的全称，而全称所代表的信息很有限。一般来说，不建议企业将公司全称放在头部，用简称和品牌 LOGO 即可，同时能用一句话概括企业定位和业务类型，这样就能让访客一目了然。京东这样的大型平台，也会用一句话来概括企业是做什么的、特色是什么。京东强调的是网购的省钱和放心，简单一句话，不仅把做什么说出来，而且还说出特色来，说出差异化定位来。

有人会说，这个观点不一定正确，我们看到苹果的网站上，只有一个新款的 iPhone 或者 iPad，没看到在头部有定位的语句，这是为什么呢？这其实也很好理解，因为绝大部分人都已经非常清楚苹果公司是做什么的，他们这样的大品牌已经通过数年的努力，通过线下无数的广告成功地解决了这个问题，访客看到商品就在内心有了一个准确的认知，而我们绝大部分的中小企业，在品牌没有达到如此高的识别度和认知度时，还是需要在网站的头部告诉消费者我是谁、我是做什么的。

（二）导航：指引访客的方向标

导航就像我们开车的导航仪，导航仪的唯一作用就是快速而准确地将司机带到目的地。网页浏览也像我们司机开车一样，需要用网站导航的功能快速而准确地将访客带到他想要去的页面。网页导航分为很多种，有主导航、副导航、搜索导航、底部导航、产品导航、面包屑导航（提示访问者他们目前在网站中的位置以及如何返回，常见的样式是首页＞栏目页＞文章页面）等很多种。

好的网站必须有好的导航，好的导航可以大大地节约访客的访问时间，

提高访问效率；好的导航能理解访客的重点，深入理解访客的意图，让访客愿意点击；好的导航还有催眠式访问的作用，用户会情不自禁地不断访问网页，在网站所提供的内容及导航中流连忘返。

1. 主导航：用访客思维科学设置顺序

一般的企业在建网站的时候，设置的导航最大的问题是站在自己的逻辑顺序角度来设置导航，一般遵循的顺序是我是谁、我是做什么的、我是怎么做的、我给谁做过、怎么联系我，形成的导航一般是"关于我们、企业文化、新闻中心、产品中心、客户服务、成功案例、联系我们"这样的导航顺序。这样的导航没有错误，但是我们通过研究发现，这样的导航并不是顾客感兴趣的，顾客第一次到访你的网站时大部分并没有兴趣了解你的公司简介和你的企业文化，而更希望了解你有哪些产品和服务是他需要的，如果没有，顾客会快速离开。要知道，只有顾客留下来才有可能进一步浏览网站，所以，营销型网站的导航我们提倡的第一要点是站在顾客的角度来设置导航，访客想要最先看到什么，我们就首先排布什么内容给他们看。

导航需要快速和准确，营销型网站提倡一个概念，就是"不超过三次点击让访客得到他想要的"，再复杂的网页我们也需要遵循这样的原则，一般的企业网站，我们提倡的是两次点击就必须让访客看到他想要了解的内容。关于这一点，我们可以看看天猫这种大型平台是怎么做的，在天猫首页上我们看到的是完善的产品分类和品牌分类，一般情况下访客在天猫上会直接采用搜索导航，搜索自己想要的产品名，用户搜索后会看到搜索结果页，在搜索结果页内陈列了跟搜索关键字有关联的许多商品，再点击商品即可进入商品详情页。在天猫这种上百万种商品的平台上，用户只需要经过首页——商品搜索结果页——商品详情页三个页面就可得到想要的结果。

很多的企业网站并不复杂，但没有遵循一种有效的导航架构，把网站的层级架构做得很深，用户需要不断地点击才能看到可能并不是自己想要看的内容，大大地浪费了访客的时间。举例说，我曾经见到一个网站是生产小家电的，想要看到他的具体产品比如剃须刀，得经过很多页面，首页到产品中心页，产品中心页再到小家电页，再到新款产品页，再到个人护理产品列表页里面去找到剃须刀，这样一步步下来，客户的体验感之差可想而知。

2. 下拉式导航：节省访客访问时间，快速定位子级网页

有一种导航的作用和效果推荐使用，叫作下拉式导航。这种导航的特点是鼠标指向某一栏目时，自动下拉式导航便弹出该栏目下的子栏目，访客可自由选择子栏目内容进行点击。这种下拉式导航的好处是节省用户时间，能有效地让访客在短时间内找寻到想要的内容。这种导航还包括从左至右或从

右至左的侧拉式导航，如天猫网站上的产品导航内容，就是在一个页面上，把产品分类和细分类别在同一个页面进行了非常清晰的展示，访客可以轻松地在同一个页面上选择产品子分类，或者按照该分类下的知名品牌直接选择品牌即可。

3. 产品导航：快速定位访客想要了解的产品

当网站上展示的产品较多时，比如网站上需要展示几十种甚至是几百种产品，势必需要对产品进行分类，按照某种归类原则把产品分门别类地妥当展示。在这种情况下，则需要为你的网站设置一个科学合理的产品导航，产品导航分为产品常规导航及产品搜索导航两种，目的和作用只有一个，就是让访客快速而准确地找到他想要了解的产品。

产品导航有许多种样式，比如宜家家居网站上的产品导航样式，很直观明白，每类产品都设计了一个形象化的小图标，访客无须仔细看文字、图标即可理解其意。

产品导航是必不可少的，有时需要在首页展现，有时仅需要在产品内页展现，无论在何处展现，必须站在访客的角度进行设计，而并非站在自己的角度设计。

看似最简单的问题，也许是经常被忽略的问题。谁都知道，网页是做给访客看的，但我们经常会以自我为中心，凡事会以"我喜欢"或"我不喜欢"来下决定。网站策划的时候，一定要多问自己这几个问题：我的网站做出来，我的访客会喜欢吗？我的访客会乐意看吗？我的访客会有兴趣吗？至于你自己，你需要置身事外，以策划者的身份而非单纯使用者的身份来看你的网站。

产品导航除了直接的导航以外，还有一种叫产品搜索导航，对于产品数量较多的网站，搜索导航是对产品导航的有益补充。有的访客不喜欢被动式访问而喜欢主动式搜索，搜索导航需要注意的是，一定要真实匹配用户的搜索结果，并且最好能记录用户的搜索行为，能把热搜的关键词整理出来，省去用户输入关键词的时间。

4. 底部导航：一种看似多余的导航方式

很多网站在页面底部也有导航，底部导航的作用和做法有如下几种：有的网站底部的导航跟顶部的主导航一样。这样的底部导航最直接的效果是当访客鼠标拉到底部以后，无须再回到顶部选择其他栏目查看，这种方式的底部导航可有可无。

有的网站的底部导航是将网页中重要的内容陈列出来。在顶部的主导航是逻辑性强的全站导航，在底部的导航则陈列用户感兴趣的，并且是企业自认为重要的内容，这种导航的效果很好，访客下拉到页面底部以后，自然会去瞄一眼底部内容，对有兴趣的内容产生访问。

有的网站的底部导航选择只放产品导航。这种做法适合以展示产品为主的网站，在页面底部重复展示热销或者重点产品的系列或产品名称，也是值得推荐的。

底部导航还有一个较好的作用，就是对搜索引擎优化有一定帮助，关于这一点将在本书"实现搜索引擎自动传播效应"中重点介绍。

了解了主导航、产品导航、搜索导航、底部导航以后，简单总结一下导航的重要性。

（1）导航设置好坏的标准在于用户是否快速而准确地到达他想去的页面；
（2）导航顺序设置上需要把最重要的放在最前面；
（3）把访客最关注的放在最前面；
（4）不超过三次点击到达访客想到达的页面；
（5）利用下拉式导航减少访客的页面访问数量，提高访客的访问效率。

（三）广告位：吸引访客的关键位置

对于网页的广告位这个概念很多人还不理解，认为广告位只有花钱在大平台上做才有效果，才有价值，自己的网站上根本不存在广告位。这是认知上的一个误区，其实企业自行建设的官方网站有许多地方是可以设置广告位的，并且设置好的广告位所能产生的价值是非常大的。

其实网页中的广告位有首页上的广告，也有栏目页、内容页上的广告，页面正文内容中的广告，还有在一切页面可利用的空余位置放置的广告。

1. 网站首页的主广告位

现在很多企业网站的首页上都会在第一屏的显著位置设置一个大幅的广告位，这是经过无数实践验证的行之有效的方法。需要注意的是，网站首页主广告位的放置是非常讲究的，如果说我们网页的头部是告诉访客我是谁、我是做什么的，那首页第一屏的主广告位则是要告诉访客我的核心卖点是什么。

2. 用强有力的文案描述留住访客

有这个概念还不够，还需要再具体一点，主广告位的设计包括两个部分：其一是主广告位的画面图形；其二是主广告位的文案设计。对于画面图形，行业不同、服务客户不同，差别很大，无法赘述，而对于文案的设计是有许多讲究的。

一般来说，文案设计不能太长，也不能太虚，需要用简短的一句话概括企业的核心卖点，好的文案设计能体现企业的定位。正如前文中讲到的京东商城"网购上京东，省钱又放心"，短短10个字就把京东的定位准确地反映出来，京东就是做网购的，京东做网购的特点是让用户省钱，并且还可以放心网购；再有齐家网的"让装修像喝茶一样简单"，把消费者以为的装修这个"苦恼活"通过齐家网变得像喝茶一样简单，让消费者产生了心理认同感。不能体现企业定位的文案不能称为好的文案，如"诚实创新、追求卓越"这种广告文案，放在这家企业的网站上合适，放在另外一家网站上同样合适，但是没有切中要害，没有道出自身的核心卖点，用一句不太雅致的话来评价，叫"正确的废话"。

（四）内容表达：有营销力的内容是网站的关键

访客到访网页，最重要的目的是阅读网页内容、了解相关资讯、获取对自身有用的内容。网页上文字内容的表达，变得非常关键和重要。很多企业不太重视这一点，企业里编辑网站内容的是不懂业务和市场的客户服务人员，甚至是前台人员，这样的文字内容其营销力、对访客的吸引力会大打折扣。

1. 新闻信息表达

几乎所有的网站都会有"新闻"这一栏目，取的名字一般为"新闻中心"或者是"企业新闻"之类，不管名称如何，新闻信息一般除了在新闻栏目展现以外，还会在网站的首页或其他位置展现，访客到访网站所阅读较多的内容也包含新闻内容，所以新闻内容在网站上的表达是比较重要的。

新闻信息内容的表达需要关注以下几个方面：

（1）取一个好的新闻标题

标题是否有吸引力，直接决定该新闻的阅读量。标题需要有焦点、能吸引访客的关注点，能引起访客的兴趣。例如一家企业想要在网站上发布一条新闻内容，大致是这家企业新发布了一款产品，刚发布的当天就受到市场热捧，消费者争相抢购。对比，比较不错的标题写法是"热烈庆祝本公司新品上市"，而另一种更吸引人的标题写法是"新品上市首日遭疯抢，企业当天补货保供应"。从这两个标题来看，显然第二个标题更能吸引访客去了解该新闻的详细信息。

（2）新闻内容编排有序

在编排新闻内容时，使用大段的文本会使访客的阅读兴趣下降，穿插使用跟新闻关联性较强的图片、表格、示意图等，可使新闻内容图文并茂。同时，在新闻正文内容中，可适当根据内容词义及表达的重点，将重点的文字加粗或者变颜色，这样就更有利于新闻内容的阅读了。

（3）具有辅助访客阅读的其他功能

营销型网站的新闻还需要具有一些辅助功能，这些辅助功能包括：新闻正文字体的放大和缩小功能,让不同喜好的访客去阅读他最适应大小的文字;具有正文外部链接功能,在正文中所描述的内容若与网站其他页面内容具有较强关联性,可以在内容上给予链接,访客直接点击链接就可以访问;新闻具有阅读统计功能,以便网站管理员清晰地看到哪些新闻是用户所感兴趣的;具有新闻推荐功能,在新闻正文内容的底部,把跟此新闻有关联的其他新闻一并列出,推荐访客一并阅读;具有新闻分享功能,访客对新闻若有兴趣,可以很方便地将新闻转发至博客、社交平台或其他想分享的地方。

2. 产品信息表达

产品信息是许多生产制造型企业网站中非常重要的内容,产品信息需要做到便于用户查找、产品结构完整清晰、产品信息完整充分三个方面。

(1) 便于用户查找

当网站中需要放置 100 个以上的产品时,访客在 100 个以上的产品中快速找到自己想要的产品是一件不容易的事情,需要设置产品查找的功能。产品查找功能按照访客所输入的产品名称关键词,或者产品用途关键词,会自动将符合条件的产品展示出来供访客仔细阅读。稍微复杂一点的产品查找功能还应该考虑当访客所输入的关键词没有对应结果展示时,网站应该提示"您所搜索的产品未找到,是否用其他关键词再找一下",同时也可以将推荐产品在该页面中列出。

(2) 产品结构完整清晰

相信每家企业都有自己的产品结构,可以按功能分,或者按用途分,也可以按价格分等,放在网页上的产品结构需要注意的一点是,一定要站在访客的角度来分类,并且分类层级不宜过深。很多企业在识别产品类别时往往会以型号来区分,但很多访客并不明白型号的含义,所以还是以用户需求来分类更合适,可受到更多用户的喜欢。联想电脑有非常多的型号,在它的网站上产品结构分类时并不是以型号来区分,而是以家用电脑、商用电脑、娱乐电脑这种用户非常喜欢的分类方式来分类的。

(3) 产品信息完整充分

产品信息是否完善直接决定营销型网站的效果好坏,一般来说,访客到访网站,不会打开每一个网页去阅读,只会对自己感兴趣的网页进行了解。访客很可能是为了找一款产品而来,那么这一款产品介绍的详细程度就直接决定访客是否信任网站,是否有与网站进一步交流产品购买的意愿。

产品信息完整包含产品基础信息的完整以及产品应用信息的完整。例如一个卖气泵的网页,除了应该详细地介绍气泵的功率、性能参数、标准件产品、可选配件等产品本身的信息以外,还应该介绍这款气泵适合使用的场所和环境，介绍在不同场所和环境下的使用方法和注意事项，还可以加上已经购买过这款气泵的客户对产品的中肯评价，让访客对这款产品有足够的了解，同时也让访客看到网站非常用心而细致地介绍这款产品，这款气泵所能获得的访客询盘才会比较多，并且访客在获得详细的介绍后，在询盘过程中的疑虑和问题会少很多，也可以使成交环节变得更高效、更顺畅。

3. 案例信息表达

案例是建立访客信任的关键。许多做工程的、做服务的企业，访客上网找这一类的供应商时，就会特别关注这家供应商曾经为谁提供过服务。案例信息的表达唯一需要注意的是真实性，越真实越好，越真实越有说服力。在网页上表现案例，单纯的文字或者单纯列出客户公司的一个LOGO，已经不足以让访客相信了，应该很真实地把该案例的细节展示出来：可以描述该案例当时具体的客户困惑和需求，面对这个需求是如何解决客户问题的，问题解决好了之后得到了怎样的效果，当时跟客户签约的照片，给客户提供具体服务的场景照片，甚至是案例结束时的验收单或者是客户感言等信息完整表达，这样充分描述一个案例所带来的说服力远大于泛泛而谈地列出10个案例的客户LOGO。

企业要注意收集和整理这些案例素材资料，例如有一家卖设备的公司，该公司有完善的案例收集方法，首先客户从网上找到该公司的设备信息并产生了询盘，这就会由公司的销售人员将一份有许多案例的资料发送给客户，客户可以清晰地看到这家供应商具体为多少客户服务过，当客户选择让这家公司提供设备时，公司的销售人员就会详细记录跟这个客户沟通的过程，记录邮件内容、报价单内容等；待合作确立，需要发货时，销售人员会跑去仓库，给正在装箱的设备及给他们运输的车辆拍照片，还会把这批设备的编号等详细情况用相机记录下来。这一切都做完以后，销售人员会把所有关于这个客户的信息资料都交给网站的编辑人员，网站上很快就会出现这个新案例的介绍，同时在他们的销售文件中也会多一个成功案例的见证照片。这家公司做了几年的生意，90%以上的客户都没有跟企业见过面，都是通过网络了解他们从而选择跟他们合作的。因此，公司在不跟客户见面的情况下能获得客户的信任，关键就是他们常年积累的各种设备的真实案例信息让新客户折服。

4. 其他内容表达

网站除了新闻、产品和案例以外，还会有许多其他内容的表达，比如企业介绍、企业文化、客户服务等很多方面，这些内容表达同样也需要遵从真实、详细的原则。

（1）企业介绍

企业介绍是每家企业必备的内容，在网页上设计企业介绍，同样需要注意把企业介绍的文字结构梳理清晰，需要把企业的场景照片清晰地陈列在网页上。

（2）企业文化

企业文化是很多网站都会做的内容，但如果只是把企业愿景、使命、价值观等文字内容放上去，可能起不到吸引访客的目的，因此，还可以加上企业文化活动、员工风采等内容，甚至可以把一些企业活动的视频文件放在网站上，以增加网站的真实性，让访客从网页上就能身临其境地感受到企业的真实面貌。

（3）客户服务

客户服务板块可以把面向客户的具体服务流程、服务举措以及线上申请等内容放在网站上，这样可以方便客户，同时还可以提高企业的运行效率，而不是将简单的客服口号放在网页上。

二、提升吸引力，让访客认识你

让访客相信你，是在网站与访客之间建立信任。有了这种信任之后，我们还需要去塑造产品和服务的价值，体现网站的营销价值，体现网站应有的销售力。

一般来说，产品价值分为三个层次，第一层次是产品的功能价值，也就是说产品能起到什么作用，比如说包是用来装东西的，让随身携带的物品能统一放在一个地方，起到携带方便的作用，这是产品的最基础的价值；第二层次是产品的外观价值，是指产品在外观上、用材上，在包里、包外、包带甚至是拉链的设计上的优劣好坏，这一层价值是在功能价值之上的第二层价值。一般来说，皮包会比布包贵，设计时髦好看的包会比过时的包贵，这里价值的体现已经从第一层最基础的装东西的价值提升到外观的价值了；还有最高的一层价值，这层价值是指产品的附加价值，是指附加在这个产品上的服务价值、品牌价值。一个 LV 的包哪怕再简单也要上万元，依然会有很多时尚达人趋之若鹜，这里体现的是这个包的最高层次价值，即附加价值。所以一个只具备功能价值的包可能消费者连 100 元都会嫌贵，而一个漂亮的时尚小包可以卖上几百元，一个 LV 或者爱马仕的包则动不动就需要几万元甚至几十万元。产品的功能价值都一样，而外观价值和附加价值却大不同。

在市场营销中，很多企业都会想办法提升产品的外观价值和附加价值，因为对于消费者而言，能满足产品的功能价值的可选择范围太大，可选择的产品太多，所以聪明的商家都会在外观价值和附加价值上博弈。同样，在网络营销领域，我们在宣传企业的产品或服务上也要重点体现我们的外观价值和附加价值。

落实到网站上，我们需要去营造销售氛围，塑造产品价值，提升服务层次，获得更好的客户认可，让网络真正实现长效的销售功能。

（一）在网站上塑造核心卖点

假想一下，某公司的一位市场部专员接到领导的指令，找几家供应商来公司洽谈业务，承接今年的包装印刷业务，并且需要找规模大一点、口碑好一点、性价比高一点的供应商。这位市场专员手头没有现成的印刷厂供应商，他会想到马上上网去搜索一下，于是他打开百度，在搜索框里输入"包装印刷厂"，在搜索结果页里呈现出许多印刷厂的名录，他选择几个网站打开，在这样的情况下，他是每个网站都去详细阅读了解，还是在打开的几个网站中先大致扫一眼？

一般情况下，这位市场专员只是先扫一眼，因为他知道领导的要求是规模大、口碑好、性价比高，口碑好不好、性价比高不高是需要进一步洽谈了解后再通过对比才能得出的，他首要的目的是找到一个规模大的真正的印刷厂，而不是一家广告公司。所以，在当下的工作任务中，他找的这些意向供应商只要是大规模即可，所以他在打开这些印刷厂网站的时候，潜意识中就会寻找大规模的，并且是正规的印刷厂，然后他才会进一步了解网站的详细内容，对于不符合他潜意识的网站，则会毫不留情地关闭，更不会产生进一步的联系。

由此可见，访客在访问网站时，大部分的情况是在扫描信息，并非阅读内容。一个网站可能存在的网页有上百页，而用户只会去看他关心的那几页，那几页上的文字可能有几百上千字，他可能就只看他关心的那几十个字。

营销大师阿尔·里斯在《定位》中提道：互联网是第一个完全受个体控制的大众传媒。互联网的焦点不是信息的发送，而是信息的接收。互联网上海量的信息，只有通过网民积极主动去筛选接收，才能体现出它们的价值，只有通过网民的互动交流才能壮大市场。个体决定什么时候看，在哪里看，看什么内容，以及看多久。控制权已经从发送者转移到接收者手中。

企业只有深刻地体会到这一点，才会真正了解互联网的特性。既然访客只是在扫描，那么企业要如何来做好自己的网站，即使访客只是扫一眼，也能够被打动？

在"用强有力的文案描述留住访客"章节中，我们谈及访客第一次到访网站时，企业应该在首页的头部告诉访客我们是谁、是做什么的，在首页的第一屏告诉访客我们的核心卖点，这是一种行之有效的方法。除此方法之外，我们还总结出"四要四不要"方法。

①四要：要具体实在；要图形形象；要通俗易懂；要围绕客户。

②四不要：不要大段文本；不要专业难懂；不要杂乱无章；不要自说自话。

文字要通俗易懂。很多网站在文字内容安排上做得不够具体，不能切中要害。看得出，很多文章是在这边抄袭一点，那边复制、粘贴一些，拼拼凑凑形成的。与其这样，不如把内容写得非常具体，并且做到消费者一看就明白。

现在互联网已经从"读文"时代转变到"读图"时代，访客已经对大段大段的文本没有太多的兴趣，已经转变为需要图形图像的意会理解。

（二）让访客第一眼就爱上你

看过很多企业的网站，产品都很好，质量也不错，但就是不知道如何表达出来让访客喜欢，并且自己还不知道不好，自认为已经很不错，但访客提不起兴趣。如何让你的访客看到你的网站就能喜欢你，这里的关键是击中访客要害，能让他感兴趣。

讲一个笑话，说小兔子去钓鱼，第一天去没钓到，第二天去也没钓到，第三天去同样没钓到，它垂头丧气地准备走了，这时鱼塘里的鱼跳起来，说："你个小兔崽子，要是再拿个胡萝卜来钓鱼，看我不一巴掌拍死你！"

看到这个笑话你或许会会心一笑。是的，兔子是拿着自己喜欢吃的胡萝卜来钓鱼的，它哪里知道，鱼对胡萝卜根本不感兴趣！没有找到鱼的兴趣点，没有找对鱼饵，自然钓不到鱼。在网络营销上，胡萝卜钓鱼的故事非常普遍，经常能见到很多企业在营销过程中不管客户是否喜欢，只要是自己觉得还行的，就大张旗鼓地宣扬。

这里讲的"第一眼就爱上你"，指的是访客到访网站时能对内容产生兴趣，即网站有让访客感兴趣的卖点，这个卖点或许是挖掘访客的痛苦，让访客真正感觉到是的，目前我正处于这个痛苦的状态，能否告诉我如何解决；或者是塑造产品的价值，产品销售并不在于销售产品本身，而在于产品带来的好处，产品能解决消费者的问题；或者是营造商品的氛围，访客往往买的也并不是商品本身，而是商品的一种氛围和情感。

有时候我们是在卖一件商品或卖一个服务，但访客需要的可能不是商品或服务本身，职场男士买的可能不是一套西装，而是体面和商务的感觉；时尚女性可能不是要买一个包，而是一种时尚的感觉；一家企业不是要做一个网站，而是要通过一个有价值的网站，取得更好的线上营销的效果，为企业获得增值。就像李嘉诚说的，汽车开进加油站，目的不是加油，而是尽快地驶离加油站，朝自己的目标前行。

所以，每个企业都应该明白，在网站上想要让访客喜欢你，就需要找到卖点，卖点如何找？卖点要透过访客的需求来找，客户有需要才能创造他需要的点，满足了顾客的需求点，企业才能实现价值点。

（三）设计有销售力的登录页

假设有一家公司，主营业务是针对企业提供办公用具和印刷业务，这家公司做好了网站，把两项业务以两个栏目的形式分别进行了详细的阐述，那么接下来它去推广，它选择在百度上投放关键词广告，那么搜索办公用具的访客和搜索印刷业务的访客所链接的页面是链接到这个网站的首页，还是分别链接到相应的业务介绍页？

毋庸置疑，肯定是将搜索办公用具的访客直接链接到办公用具页面，将搜索印刷业务的访客链接到印刷业务的页面，将用户的搜索意图和呈现的网页高度对应，这样才会使访客在网站上留住的比例大大增加。

当然，还有一种更好的做法，就是把自己的一类主营业务做成一个有销售力的登录页面，这个登录页面就聚焦对应某一类业务，解决掉这类业务的关键问题，从而实现更好地转化，这个页面我们一般叫登录页，可以说，登录页会决定80%的访客是有兴趣停留还是直接离开，是有兴趣与网站取得互动还是去浏览其他网站的内容。

登录页分为两种情况：第一种情况就是单独新做登录页；第二种情况就是直接以产品的详细介绍页作为广告的登录页。我们把所有在搜索引擎上做的关于网站建设一类的关键词都指向这个页面，让这个页面只有搜索引擎推广的客户能看到，这样我们就可以轻松地监控这一个页面所带来的访客的转化情况。实际情况是，没有这个登录页，每到访100个访客只能产生5个左右的转化，转化率在5%左右，而在这个登录页上，我们可以提升到7%—8%的转化率，甚至达到10%以上的转化率。

之所以转化率能提升，就在于这个页面是专为搜索"网站建设"这一类关键词的访客而做，专为他们而设立，就会使目标客户精准。

不管是单独新做的登录页还是产品的详细页，作为一个有销售力的登录页面，应该阐述核心卖点，形成自己的独特优势，价值塑造，详细介绍你的产品或者服务的内容，解决访客的疑惑。一般来说，站在访客的角度来看，会有如下问题：

我为什么要买？（产品价值）

我为什么要找你买？（产品差异化）

我怎么相信你说的？（顾客见证、资质证明、案例对比等）

我为什么要现在就买？（营销诱饵设置）

那么站在企业的实际角度，在网站登录页上要解决哪些重要的问题，如何解决这些问题是企业必须思考的。

（四）呈现比实物更好的产品照片

很多生产制造型企业，对于生产工艺、技术力量非常关注，但对于产品的外观和营销关注度不够，在"良好的视觉感受，简洁的用户界面"这一章节中，讲过网络上需要把视觉发挥得淋漓尽致，这就需要企业在产品的照片上下功夫，拍摄出比产品本身更美的产品照片来。

最基本要求是，企业在网站上提供的产品照片应该是清晰的，并且顾客对感兴趣的产品不仅仅想看一张图片，可能需要多张图片从多个角度进行展示，特别是关键性细节的图片，这样可以通过细节来让访客感受到产品的质感和工艺。产品照片还应该有产品所应用的场所照片，例如卖服装的网站应该提供产品模特照，提供模特在不同环境、场所下穿着衣服所呈现的感觉，通过场所、环境以及氛围的烘托将产品的特性功能展示出来；再比如说，一个卖台灯的，就应该拍摄晚上打开台灯屋内温馨的照片，配上文案：家，就应该如此温暖。这时候你卖的不仅是台灯，而是给顾客一种温馨柔美的感觉。除此之外，还可以再以创意的手法设计一张主题图片，在有形的产品中植入无形的价值，实现产品价值的提升。

（五）主动对比

访客在互联网上很少做没有对比的选择。与其让访客在别的网站上对比，还不如让访客在自己网站上对比，对比的手法运用得当，可以让访客增强对产品的信心，更放心地选择产品。

自己与自己的对比。某些产品的技术参数较多，为了更便于访客对比产品之间的技术参数，可以在网站上设置一个产品对比的功能，让访客自由地对比网站内各种不同型号产品的技术参数。

自己与别人的对比。有时候为了凸显自己产品的优势，可以把自己的产品与别人的产品进行对比，通过对比得出自身产品的优势。

带有营销目的的对比。例如卖减肥药的网站抓住访客的心理，将美女在各种情况下受到更多的关注和表扬而一个胖一点的美女却无法得到大众的认可这两种情形进行了对比，从而达到刺激访客更多地购买产品的目的。

三、塑造公信力，让访客相信你

阿里巴巴创始人马云曾经说过："商道的根本在于诚信的积累，一切的目的只是为了获取信任，而这些信任取得非常之难。"在互联网上，由于不能实际接触，只是在互联网上浏览网页，所以取得访客信任是一件重要但非常难的事情。很多网上交易的失败都在于不能取得对方的信任，很多交易的成功也来源于对方足够的相信。网站如何塑造公信力，让到访的用户相信企业实力，感受企业文化，展示和体验产品就变得非常重要。

（一）良好的视觉感受，简洁的用户界面

网站需要有比较良好的视觉感受，就像我们在工作中去拜访客户需要给客户留下良好的第一印象一样，第一次约见客户，应该简单地打扮一下自己，注重自身的商务礼仪，男性穿西装打领带，衣服裤子不应该皱皱巴巴的。这些商务礼仪在网站上表现为让访客打开你网站的第一感受应该是赏心悦目，符合访客的心理诉求。

当然，网站的访问速度要快，在目前的网络带宽情况下，一个网站如果打开后8秒之内访客还没有等到打开的网页，90%的人都会选择直接离开。

还有，网站打开后的第一屏幕得吸引人，要有访客感兴趣的内容。如果用户在打开的瞬间扫描你的内容没有任何一处可以吸引他的话，同样离开网站的概率也会很大。

所以，营销型网站应该做到我们的网站具有良好的视觉感受，有比较稳定和快速的访问速度，有访客感兴趣的内容。

人有六感，即视觉、听觉、嗅觉、触觉、味觉和第六感觉，在互联网上，嗅觉、触觉、味觉和第六感觉都已经不起什么作用，我们能用的只有视觉和听觉，并且听觉的习惯访客还没有养成，所以线上能发挥的只有视觉。也就是说，要让我们的访客眼见为实，在视觉上发挥得淋漓尽致。很多企业不明白这个道理，花很多钱做网络推广，但不太舍得花钱把自己的网站做得更好一点儿，不愿意把自己的产品照片、工程照片、服务客户的照片拍得更好一点儿，最终导致的结果就是有流量没销量，有访客没询盘，有成本没生意。这样做真的得不偿失。

（二）不多于三种颜色

在视觉感受上，有一句话叫作"不多于三种颜色"，网站不应该花哨，同样也不应该烦琐。特别是带有商务功能性的营销型网站，一定要注意网站本

身色调的统一性，以简洁、清爽的界面形象来博得访客的喜爱。

如果是时尚类或是娱乐类的网站，受到行业影响则另当别论。一般来说，网站在色彩设计方面不要大红大紫、特别艳丽夺目，毕竟网站是需要访客静下心来仔细浏览慢慢品味的，不像商场里的POP（Point of Purchase，卖点广告）海报要那么夺人眼球。塑造科技感的可以以蓝色调作为主色，大众消费品的可以用红黄色调，工业品的可以用蓝灰色作为主色调，假设企业有自己的VI（Visual Identity，视觉识别）形象识别系统，则可以选用VI形象识别系统中规定的颜色作为主色调。

（三）展示自身实力的六种方法

需要访客认可并相信，一定要真实地在网站上展示自身的实力，展示自身具有与众不同的能力。展示实力的方式有很多种，下面介绍其中六种。

方法一：媒体报道

网络媒体和报纸等传统媒体有所区别，在网络媒体上发布软文的成本更低，并且网络媒体的覆盖面相对较广。

方法二：荣誉证书

企业在经营过程中，一般会获得社会或上级单位的认可，从而获得一些奖章、证书、资质证明等，这些证书也可以放在网站上展示。永灿公司曾经服务过一个客户，该企业证书非常多，我们按照企业荣誉（国家级、市级、区级）、工程奖项（国家级、市级、区级）、科技成果（国家级、市级、区级）来进行分类整理，整理出几百个奖项，把这些奖项的获奖项目、获奖时间等全部整理为一个栏目，最终这个栏目的访问量很大，并且取得了很好的效果。

方法三：专家团队展示

很多服务型企业拥有业内知名度较高的专家、学者，这些都是企业宝贵的无形资产，这些专家团队展示同样也能作为展示自身实力的较好方法。一般来说，这是医院网站、律师网站、建筑设计事务所网站这些专业性较强的领域里常见的一种展示方法。

方法四：厂房设备展示

这是一些生产制造型企业常用的展示方式，很多生产型企业有规模宏大的厂房和较好的设备，这些厂房、设备是自身生产实力的最好的证明。

方法五：企业文化展示

企业经常会开展一些企业文化活动，把一些企业文化活动的照片和活动内容放在自己网站上，往往可以大大地增加网站的真实感和亲切感。

方法六：视频展示

视频展示是最真实的一种展示方式。把企业产品生产过程、企业办公环境、企业文化氛围、客户见证等拍摄成一段段视频，通过这些视频来真实展示企业的实力。我们有一个客户是做全国的招商加盟的，通过网站做网络推广，然后吸引顾客来加盟他的品牌。之前他一直做得不温不火，后来调查发现，外地的顾客对他的加盟品牌很有兴趣，但通过网站看过照片和文字介绍之后，觉得不够真实，生怕自己受骗上当，不敢贸然加盟。后来我们帮他策划了有关产品的、有关店铺开业的、有关品牌的一系列视频，他把这些视频放在自己网站上，放在优酷等视频平台上，外地顾客的信任度一下子提升了许多，被吸引前来加盟的人增加了许多倍。

（四）讲客户的故事，建立顾客见证

来自用户的声音是最真实的声音。访客到访你的网站，不仅要看你自己怎么说，更关注的是你的顾客怎么说，所以要在企业商务活动中收集整理真实的顾客见证，把这些见证放到网站上，进而获得新访客的信任。顾客见证在网页上的表现形式一般有三种，第一种是纯文字型的描述，将顾客讲的一段话整理出来形成一段文字，这样的顾客见证真实感和力量最弱；第二种是用图片的形式，把跟顾客签约的图片、顾客使用你产品的前后对比图片等真实的图片再配上顾客感受的文字而形成更真实的顾客见证；第三种更为真实的是视频见证，为顾客拍摄一小段视频，把视频放在网站上形成最真实的顾客见证。

（五）翔实的各类信息，不断更新的资讯内容

很多企业网站自建成上线运营开始，就意味着网站已经死亡。为什么这么说呢？因为网站一旦上线，就没人搭理了，变成了你不搭理我，我也不会搭理你，最终这个网站就变成一个摆设。

一个有价值的网站一定是需要经常打理、不断更新的，更新的信息来源于以下几个方面：首先是企业自身的产品信息或客户案例的更新。一家企业的产品经常会更新换代，也会不断有新客户成交，这些产品资讯或客户信息需要第一时间更新到网站上。其次是企业内部的新闻资讯，包括新闻信息、展会动态、媒体报道、企业文化、社会责任等新闻资讯类的信息。再次是行业动态的更新，在企业自身行业内所发生的一些大事的更新。最后是网站运营自身数据的更新。网站建成之后透过网站访问统计系统挖掘出来的网站的问题，对这些网站问题进行更新调整。

总的来说，网站实时更新的信息包括以下三种：

（1）反映企业生产经营的实际情况，公司新闻更新、产品更新、案例更新等；

（2）行业相关知识的充实；

（3）对网站运维数据反馈出来的问题进行调整。

（六）敢于承诺，更要勇于兑现承诺

有过网购经历的朋友都知道，在下决定购买之前，哪怕网站上呈现的信息无可挑剔，内心感受都是不安全的，甚至已经下单，在还没有看到真实的物品之前，内心感受也是不安全的，所以网购大部分都会选择支付宝来支付，万一货品有问题，消费者还能获得退货退款保证，这在目前电子商务网络购物市场已经形成一种普遍趋势。很多企业可能是B2B类型，不针对个人消费者销售商品，但同样需要在网站上敢于承诺。承诺不是一句空话，一旦承诺，则一定要勇于兑现承诺。

四、提高传播力，让访客找到你

网站是最佳的宣传平台，优越于任何传统形式的宣传媒介，宣传画册、展会宣传等都有先天不足之处，只有网站这个平台可以真正做到一年365天、每天24小时都自动为企业做宣传推广。对企业而言，一定要利用好互联网这个特性，把网站的自动传播效应做好。

网站的自动传播效应，指的是把自己的网站在某些位置做得更符合搜索引擎的习惯，搜索引擎将会主动收录你的网页。当访客在搜索引擎查询时，你的网站将可能在搜索结果页中显示出来，获得用户的点击。

网站的访客结构分为四部分：直接访问、百度自然搜索、外部链接和其他搜索引擎。

下面解释一下这四部分访客结构的来源。

直接访问：指的是直接输入网址进入网站的访客数量。访客看到的每个网页都是有文字、有图片的，而搜索引擎能看懂的只有文字和代码，不能看懂图片。设置好每个网页的标题，指的是要设置好每个网页代码中的标题。

百度自然搜索：是指当用户在百度搜索引擎上搜索关键词时点击网站进入的流量，且此流量是自然排名流量，无须付费。搜索引擎优化工作在网页上的体现还需要有更多的关键词在网页正文中出现。这个很好理解，想让搜索引擎帮你把某个关键词的排名排在搜索结果页的前面，则需要让搜索引擎理解你的网页中这个关键词很重要，比别的同样有此关键词的网页都重要。重要性的体现第一是数量；第二是质量。我们先不管质量如何，起码在数量上需要有更多一些的体现。

外部链接：指外部其他平台，比如从阿里巴巴平台、51job平台等其他平台上进入网站的流量。网站建立外部链接分为两种情况：第一种情况是商务需求上的链接，比如说一家公司除了企业官网以外，还有阿里巴巴的平台、微博的宣传平台、天猫的在线网购平台，必须在自己的官网上给这些外部平台进行链接。当然，外部的平台上也同样需要链回自己的官网。第二种情况是为搜索引擎优化服务的友情链接。所谓友情链接就是与别人的网站建立互链，你链它，它也链你，相互之间的链接会对网站的搜索引擎优化有很大帮助。

其他搜索引擎：不包含百度在内的搜索引擎，像谷歌、搜搜、搜狗、Yahoo等搜索引擎的流量。

搜索引擎（含百度在内的所有搜索引擎）流量占这个网站总流量的70%，这70%的流量主要就是需要让自己的网站在搜索引擎上获得比较好的排名，用户通过搜索点击排名才可以得来。而这部分流量的好处是无须付费，当访客搜索跟自身业务相关的关键词且自己网站有排名就有可能进入网站。

这部分流量的价值很大，因为这部分流量的访客相对精准，是访客主动搜索关键词访问网站，而非通过网络广告拉进来的流量；同时，这部分流量不需要企业付费，只要把自己的网站做好，就有可能产生流量；再有，这部分流量相对稳定，不像付费广告，付费就有流量，不付费则没有流量。

网页内部之间需要有相互之间良好的链接关系，这种链接关系就是你中有我，我中有你，相互牵连，相互帮助，最终在网站内部编织成一个密密麻麻的关系网。网页与网页之间的链接无处不在，这样相互之间的链接就会造成网页与网页之间的紧密关系，就会让搜索引擎在搜寻你的网站时非常清晰地掌握你网站的脉络结构，从脉络结构中得知你的重点页面，从而更有效地帮助搜索引擎判断网站的内部架构和页面的重要性。

五、加强销售力，把访客变成客户

网站和网络营销的目的是什么？对于绝大部分企业来说，目的简单而明确，就是为了在互联网上找到客户，实现销售。我们在第二章中讨论过企业网站的各种盈利模式，有的可以直接在网上实现销售，比如一家卖茶杯的企业就可以直接在天猫或者自建商城实现销售，这一类是直接线上销售类型的企业，基本上这类企业以B2C为主。另外还有一类企业，企业网站的作用是帮助企业找到客户，再通过线下洽谈来实现与客户的签约合作，比如一家办公绿色植物租赁的企业，线上找来的都是企业客户，与客户交流以后才能确定对方租赁植物的种类、数量等，才能确定服务的级别以及服务的价格，这一类很少能直接在线上成交，一般都是通过线上展示、线下销售的模式来开展网络营销，基本上这类企业以 B2B 为主。

不管是 B2C 还是 B2B 的企业，它们都需要建设好自己的网站，将网站做出特色，做出价值来，使访客访问网站后有与你产生联络、向你咨询的冲动。我们在前面介绍了网站要形成自身的核心卖点，要有公信力，让访客相信你，要有销售力，要达到自动传播的效果。

（一）吸引转化的策略

顾客在购买的时候往往会犹豫不决，访客在对网站产生兴趣后，往往也会觉得还有更好的网站，聪明的小贩往往会在街口的小店门口贴上一张很大的海报，用很粗的笔在上面写上"亏本甩卖，最后 3 天"，结果过了三个月，还看到那张海报贴在那儿。有个故事说：一个精明的店主在门前贴了一张海报，上面写着"老板娘跟人跑了，无心经营，赔本甩卖"，于是吸引了很多同情他的人来买他店里的东西。慢慢地，事情过去了，生意淡下来之后，店主又换了一张海报，上面写着"老板娘回来了，心里高兴，5 折优惠顾客"，于是又吸引了一大批人来他店里买东西，其实老板娘不是在柜台前收钱，就是在仓库内理货，从没这回事！

其实在线下实体商铺看到的营销手段和营销方式，在线上也经常能看见，在线上也同样奏效。只是有的网站并不理解这点，网站做得冷冷清清，看不到煽动性的销售语句，也看不到吸引顾客的手段，就像在街边开了一家店铺，这家店铺既没有橱窗展示，也没有吸引顾客入店选购商品的海报，甚至灯光昏暗，货品摆得乱七八糟，摆出一副"爱买不买"的架势，自然就吸引不了目标客户进店购买了。

所以，建设一个好网站，除了要有公信力之外，还要有更强的销售力，这个销售力在转化环节，就是要设置一些可以吸引更多转化的"诱饵"。吸引访客转化成交的"诱饵"有很多，现总结一些经常用的吸引转化的成交策略。

1. 策略一：免费

用免费的方式吸引顾客，往往会带来很大的商机。顾客不购买，无非就是他暂时不需要或者是他不相信你，用免费的方式先把顾客吸引过来，降低顾客的担忧，再逐步成交。

可以试想一下，如果产品售价为 10 万元，在网站上要访客直接相信这个产品，马上跟企业联络会比较困难，但是否可以有一个跟这个产品有关的免费讲座、免费专家论坛、免费产品资料、免费技术光碟等信息来吸引顾客，让顾客有占到小便宜的想法，然后跟企业联络，获取了顾客的联络信息后，企业再有针对性地进行成交，这样是否会更奏效一些？

2. 策略二：限时促销

很多企业都会开展促销活动，针对某一个单品而言，如果这个产品的促销从年头到年尾一直在进行，相当于这个产品没有促销，所以促销一定要加上一个"限时"的概念，如果不限时促销，会给访客一种故意标高价的感觉，会影响到其他不促销产品的正常销售。

3. 策略三：买赠

这也是网络上惯用的一种转化策略，这里需要注意的是赠品一定要有价值，一定要与你的主营产品有相关性。

虽然是赠品，若赠品对消费者无价值，自然吸引力有限，有时也会让消费者产生多余、不配搭的感觉；若赠品有价值，消费者有时候会因为赠品而去买自己不需要的东西。比如我们经过大街上的书报亭，经常能看到那些摆在书摊上的书籍前面包了一个赠品，夏天的时候赠品是一把简易的折扇、一条擦汗的小毛巾等。人们有时候走在大街上觉得热了，看到折扇，不想买这本书的也会买上一本，拿到书后第一件事情不是去看书的内容，而是打开小折扇马上扇起来，这就是这本书找到了一个有价值的赠品。通过这个赠品增加了书的销量，至于赠品的成本如何计算，有的书的价格里面就包含赠品的价格，有的是广告商做的广告，而不需要出版商自行去购买赠品。

有一家做办公室绿色植物租赁的网站，选择这家的业务就送办公室空气检测服务一次，还会告诉消费者根据现场空气检测的结果来匹配更有针对性的绿色植物进行空气净化，这就是赠品具有价值的同时，还和企业主卖的产品具有相关性。企业知道在网上找办公室绿色植物租赁的客户往往有新装修的办公室，他们往往担心这些新装修的办公室里的空气质量，如甲醛超标的问题，所以赠送给客户这项服务，并且赠送的服务还跟后续业务的选择挂钩，能实现更好的销售。

若无法给顾客提供有价值或有相关性的赠品，则建议赠送顾客"实惠"，"买三赠一""满**返**"就是直接给消费者的最实惠的赠品。

4. 策略四：试用体验

试用策略是指直接用产品做广告，提供给顾客试用。所以我们经常能看到化妆品有小盒的试用装，这些试用装在某些渠道里可以免费派发。我们经常看到超市里许多销售人员在用一款新的拖把重复拖地，消费者感兴趣，也可以上去体验一把，这些都是在顾客还没有掏钱购买之前，先让顾客享受到购买产品后的服务。

试用体验有一种最直接省事的做法，叫"到店体验"，就是你来了才可以体验，这是大型或相对贵重的商品常用的一种策略，如跑步机、按摩椅，甚至是汽车等相对较大的商品。实际上，这不是真正的试用体验，真正的试用体验是指在顾客还未做出购买的决定之前就能让顾客享受到的服务。

5. 策略五：风险承诺

顾客在做任何购买决定时都会觉得有风险，如何降低顾客的风险？这就需要有一些风险承诺，有的企业做得比较彻底，叫"零风险承诺"，即承诺客户如对所购商品不满意，可无条件换货或退款。

6. 策略六：降低门槛

有时候顾客不买或许是因为一下子掏出的钱太多，帮助顾客坚定购买决策的有效方式就是降低顾客购买的门槛，不要一下子买这么多，先买一个初级的，再换一个中级的，最后再买高级的。

或者改换一种模式，从卖产品到租赁产品。有一家企业生产洗碗机，这种洗碗机主要供给大中型食堂使用，价格将近10万元，他们做好了网站，发现咨询的客户不少，但是最终能成交的很少。顾客要买他们的产品一下子就要掏出近10万元，这毕竟不是一个小数目，而雇两个专门洗碗的工人一年就几万元，所以顾客很难做出购买决定。后来，它改成租赁模式，顾客可花一点点钱作为租用押金，每个月交租赁费，如果顾客租用三年，租用费已经超过购买产品的价格许多，顾客就拥有这个产品的所有权及永久使用权了。把这个模式改换以后，客户对产品的兴趣浓厚多了，生意也就慢慢做起来了。

吸引顾客转化的策略很多，但必须确保诚信，确保真实，这是比任何策略都重要的一点。我们在网上经常可以看到，春节过了好几个月，已经到夏天了，网站上还挂着春节大促销的活动，也经常可以看到关于网络诚信的投诉，这些都是不应该出现的。我们可以根据自身企业的实际情况设置各种不同的促销方式，也需要用不同的网络推广手段把这些促销信息及时地传达给我们的目标访客，但要确保这些方式的有效性和及时性。推荐的做法是在网站上把之前所开展过的营销活动的结果展示出来，如果网站上有"优惠促销"这个栏目，那么在这个栏目里添加一个"往期促销"的内容，把企业以前做过的促销活动的活动时间、活动内容、最终结果呈现出来，因为访客点击了"优惠促销"栏目，了解了促销内容，想要参与的话一定会想看之前的促销信息和结果。

一个网站曾做过一期"买产品送smart"的活动，规则是在某个时间段内购买他们的产品，将有一位顾客获得他们送的一辆smart汽车。活动到期以后，专门开展了一个抽奖活动，把公证处的工作人员请到现场，请企业形象代言人抽取这个大奖，还请了一些媒体和记者，最后把这些信息都以文字、照片和视频的形式放在网站上。这个抽大奖的活动既给企业做了宣传，还增加了自身品牌的公信力，并且在企业网站上可以看到每期的活动都有这些内容，都会在网页上进行翔实的报道，消费者看到这些内容，自然不会怀疑它目前网站上正在开展的活动了。

不是所有的企业、所有的行业都一定要采用这些吸引转化的策略，要因行业而异、因企业而异、因网站的盈利模式而异。有的行业是不需要做这些策略的，只要把自己的产品或者服务表达得足够好即可，增加一些营销手段反而会让访客感觉不对。比如在一个专做大型建筑规划设计的网站上做促销或买赠，会使访客感觉这个规划公司或许不够专业。这一切都应该从访客的角度出发，关注访客内心潜在的需求，去满足访客的潜在需求即可。

（二）转化成交的方式

企业通过网络推广的手段把访客拉到网站上，对仅仅浏览网站的人我们称为"访客"，对浏览网站并对网站产生兴趣的人我们称为网站上的"潜在顾客"，网站的作用是利用电话、在线、QQ、注册等手段与这些能产生兴趣的潜在顾客产生联络，产生联络并获取了联络信息的客户我们称为"询盘客户"，最后，企业再对这些询盘客户进行后续跟进，实现最后的成交，对这些达成交易的客户我们称为企业的现实客户。

最关键的是让产生兴趣的潜在客户产生互动，这需要我们在企业网站上布局多种联络方式，便于访客在任何页面、任何地方看到企业的各种联络途径，让访客主动与企业取得联络。

网站提供的联络渠道有很多种，联系电话、联系邮箱等联络方式均是行之有效的联络方式，企业可以把联络方式分为基础类联络方式、互动类联络方式以及功能类联络方式。

1. 方式一：基础类联络方式

这是每个网站都必备的联络方式，也是访客最常用的联络方式，建议在实际使用时把线下和网络上的联络方式分开，这样做的好处是可以独立统计和监控通过互联网呼入的电话信息，独立统计网络推广的效果。当然在网站上公布的各类电话信息需要准确，确保通畅，这样才不至于遗漏顾客的咨询电话。

不建议在网站上重点突出手机号码。手机虽然具有很好的商务沟通功能，日常的大量商务沟通工作也是通过手机来实现的，但手机号码具有较强的个人色彩，不能体现一家企业的规范性，手机号码可作为紧急联络电话使用。

2. 方式二：互动类联络方式

互动要注意及时性，很早之前互联网的互动方式比较单一，除了电话以外，就是 E-mail 联络，但很难做到沟通的及时和顺畅，所以目前互动类的联络方式发展得更加多样，最具代表性的就是在线客服工具在这几年内的兴起。

随着网络购物的普及，很多互联网用户已经习惯通过网站的在线客服工具主动与网站取得联络，也有越来越多的网站安装了在线客服工具，但在线客服工具的使用还需要注意一些方法。

在线客服是互动类联络的主要工具，目前市面上的在线客服软件有许多种，像 talk99、乐语、53 客服、百度商桥等，不管采用何种在线客服工具，都应该在网站界面上以及使用功能上满足基本的要求。

在网站界面上可以自定义，一般网站界面由两部分组成：其一是一般处在页面右侧的咨询列表；其二是弹出式邀请框。右侧的咨询列表可以设置成跟网站整体风格相似的界面特色，中间的弹出式邀请框可以控制是否开启，是否在中间弹出。一般来说，不建议网页一打开直接在页面中间弹出邀请框，这样就遮挡了访客阅读网站的具体内容，可以设置成网页被打开 30 秒以后，再在页面的中间弹出或者是在页面的右下角慢慢升起。一个网页被打开超过 30 秒访客还在阅读，说明访客对此页面有兴趣，在需要详细了解时再打开弹出对话框，这样的体验要好许多。

在线客服的客服工作台上，也应该有一些基本的功能，比如说可以看到当前在线的访客，可以清晰地知道访客的来路（来源于搜索引擎还是直接输入网址等），可以主动发起与访客的对话，或是及时提醒接待访客发起的对话行为，可以保存与访客的对话记录，可以自动向访客发出欢迎语等。这一部分的功能我们可以在一些做在线客服软件的网站上获取功能列表，只需选择符合我们要求的，同时我们能承受费用的即可。

一般来说，在线客服软件都采用按年付费的模式，选择好一个在线客服软件，最好不要随便更换，否则会造成你客户资料、访客聊天记录等内容存储的不方便。

3. 方式三：功能类联络方式

除了联系电话这一类基础的联系方式，以及在线客服这一类互动的联系方式，还需要考虑到网站是每天 24 小时的营销平台，很多网站都不具备 24 小时值班的可能，但有时候顾客提出需求时正好我们的工作人员不在线，也无人接听电话，那么一定要有类似在线留言、在线申请之类的功能表单供访客选择。

当然还可以利用网站开发出一些小功能，利用这些功能收集顾客信息。

比如说一家做小吃店加盟的网站，在网站上就开设了一个"加盟评估"的功能，这个功能要求你输入一些相关信息，最终根据你输入的信息，得出是否适合加盟的结果。有些访客就想不预先联络，先进行简单的评估测试，想不到在评估的功能中，网站会要求访客输入联络信息，这样还是可以获得顾客的联络信息的。

第五章 网络营销常用的工具与方法

第一节 网络营销的常用工具

在现阶段的网络营销活动中，常用的网络营销工具包括企业网站、搜索引擎、电子邮件、网络实名、即时信息、浏览器工具条、电子书、博客、聚合内容（RSS）等。借助于这些手段，才可以实现营销信息的发布、传递、与用户之间的交互，并为实现销售营造有利的环境。本节讲解部分常用的网络营销工具。这里需要说明的是，网络广告是网络营销的重要内容之一。但是，网络广告本身并不是网络营销工具，而是一种网络营销方法。网络广告信息需要一定的载体才能将信息传递给用户，这种载体可能是网站、电子邮件、搜索引擎、电子书、客户端软件等网络营销工具。

一、企业网站

（一）企业网站的本质

网站建设与网络营销是密不可分的，企业网站是网络营销策略的组成部分，企业网站建设本身以及网站运营对网络营销策略和网络营销效果都产生直接的影响。从企业营销策略来看，企业网站是一个开展网络营销的综合性工具。

（二）企业网站的特点

企业网站与搜索引擎、电子邮件等网络营销工具相比，具有下列特点。

1. 企业网站具有自主性和灵活性

企业网站是根据企业本身的需要建立的，并非由其他网络服务商所经营，因此在功能上有较大的自主性和灵活性。也正因为如此，不同企业网站的内容和功能会有较大的差别。企业网站效果的好坏，主动权掌握在自己手里，其前提是对企业网站有正确的认识，这样才能适应企业营销策略的需要，并且从经济上、技术上有实现的条件。因此，企业网站应适应企业的经营需要。

2. 企业网站是主动性与被动性的矛盾统一体

企业通过自己的网站可以主动发布信息，这是企业网站主动性的一面。但是发布在网站上的信息不会自动传递给用户，只能被动地等待用户自己来获取信息，这又表现出企业网站具有被动性的一面。同时具有主动性与被动性也是企业网站与搜索引擎和电子邮件等网络营销工具在信息传递方式上的主要差异。从网络营销信息的传递方式来看，搜索引擎完全是被动的，只能被动地等待用户检索，只有用户检索使用的关键词和企业网站相关，并且在检索结果中的信息可以被用户看到并被点击的情况下，网络营销信息的传递才得以实现。电子邮件传递信息则基本上是主动的，发送什么信息、什么时间、用什么方式发送，都是营销人员自己可以决定的。

3. 企业网站的功能需要通过其他网络营销手段才能体现出来

企业网站的网络营销价值，是通过网站的各种功能以及各种网络营销手段而体现出来的，网站的信息和功能是基础，网络营销方法的应用是条件。如果建设一个网站而不去合理应用，企业网站这个网络营销工具将不会发挥应有的作用。无论功能多么完善的网站，如果没有用户浏览和应用，企业网站也就成为摆设，这也就是为什么网站推广成为网络营销首要职能的原因。在实际应用中，一些企业由于缺乏专业人员维护管理，呈现给浏览者的网站内容往往数年如一日，甚至对用户的咨询邮件也不予回复。这样的企业网站没有发挥其应有的作用，也就不足为怪了。

4. 企业网站的功能具有相对稳定性

企业网站功能的相对稳定性具有两方面的含义：一方面，一旦网站的结构和功能被设计完成并正式开始运作，在一定时期内将基本稳定，只有在运行一个阶段后进行功能升级的情况下，才能拥有新的功能。网站功能的相对稳定性无论对于网站的运营维护还是对于一些常规网络营销方法的应用都很有必要，一个不断变化中的企业网站是不利于网络营销的。另一方面，功能的相对稳定性也意味着，如果存在某些功能方面的缺陷，在下次升级之前的一段时间内，将影响网络营销效果的发挥，因此在企业网站策划过程中应充分考虑到网站功能的这一特点，尽量做到在一定阶段内功能适用并具有一定的前瞻性。

5. 企业网站是其他网络营销手段和方法的基础

企业网站是一个综合性的网络营销工具，这也就决定了企业网站在网络营销中的作用不是孤立的，不仅与其他营销方法具有直接的关系，也构成了开展网络营销的基础。本章后面的内容也将介绍，整个网络营销方法体系可分为无站点网络营销和基于企业网站的网络营销。后者在网络营销中居于支配地位，这也是在网络营销体系中不能脱离企业网站的根本原因。

二、搜索引擎

搜索引擎是常用的互联网服务之一，搜索引擎的基本功能是为用户查询信息提供方便。随着互联网上信息量的爆炸式增长，如何寻找有价值的信息显得日益重要。因此搜索引擎便应运而生。由于搜索引擎是上网用户常用的信息检索工具，可以为用户提供发现信息的机会，这种工具也就理所当然地成为网络营销的基本手段之一。

三、电子邮件

电子邮件是互联网上最常用的服务之一，电子邮件不仅作为一种交流工具，同时也日益与企业经营活动密不可分。根据中国互联网调查数据，电子邮件的广告在用户关注浏览、点击参与和最能影响购买行为的比例分别为27.8%、17.3%、13.4%，均排在第二位，仅次于图片形式的静态广告，电子邮件在网络营销中发挥的作用可见一斑。电子邮件营销是在用户事先许可的前提下，通过电子邮件的方式向目标用户传递有价值信息的一种网络营销手段。

四、其他网络营销工具

除了前面已经介绍的企业网站、搜索引擎和电子邮件之外，网络营销工具还包括博客、微信、RSS（聚合内容）、网络实名、电子书、即时信息、客户端专用软件等，这些工具既可以独立应用，也可以与企业网站等其他网络营销工具相结合。

第二节 网络营销的常用方法

网络营销具有较强的实践性，表现为许多可操作的网络营销方法。网络营销方法，是对网络营销资源和网络营销工具的合理利用，是网络营销各项职能得以实现的手段，在网络营销内容体系中处于重要位置。根据企业是否建立网站，可将网络营销方法分为无站点网络营销方法和基于企业网站的网络营销方法。

一、无站点网络营销方法

没有建立自己的企业网站，也可以利用一定的方法开展网络营销，这种网络营销方式称为无站点网络营销。如果运用得当，无站点网络营销同样可以取得满意的效果。从理论上讲，无论采用什么方式，只要具备了接入互联网的条件，就具备了企业开展网络营销的基本条件，企业可以开展初步的网络营销活动，如信息发布、在线销售等。

（一）信息发布

信息发布是网络营销的基本职能之一，也就是借助于各种网络资源尤其是在相关网站发布自己的企业和产品信息，达到宣传和促销的目的。信息发布也是一种有效的网络营销方法。在网上发布信息是网络营销最简单的方式，有许多网站提供企业供求信息发布的机会，有时这种简单的方式也会取得意想不到的效果。不过有一定的偶然因素，并非随便在什么网站发布信息都有价值，因此即使是免费发布信息，也应对所发布的网站进行一定的考察，应选择有一定知名度、用户数量较多的网站发布信息。在拥有企业网站的情况下，首先可以将信息发布在自己的网站上。在无站点的情况下，只能利用其他网站提供的信息发布机会来发布信息。发布企业信息既有免费方式，也有付费方式；付费的方式有作为会员缴纳年度费用、按发布信息的数量付费，或者根据信息被点击情况收费等多种模式。

可供发布信息的渠道有供求信息平台、分类广告、在线黄页服务、网络社区等。

1. 供求信息平台

在互联网上，有一些网站专门为企业提供供求信息发布，如部分 B2B 网站、专业经贸信息网等。在这些供求信息平台上，往往有大量的供求信息，不仅可以通过浏览相关企业的信息获得商机，也可以自己将公司概况、产品信息等发布在这些网站上。一些收费服务如阿里巴巴的"诚信通"还可以提供一个模板的网站，拥有二级或者三级独立域名，这对暂时没有网站的企业也是一种弥补，在某些方面相当于网站的部分功能。

2. 分类广告

分类广告是网络广告中的一种常见形式。分类广告具有形式简单、费用低廉、发布快捷、信息集中、便于查询等优点。分类广告站点有两类，一类是专业的分类广告网站，一类是综合性网站开设的频道和栏目。另外，一些经贸信息网和 B2B 信息发布平台除了允许发布企业的基本信息之外，也具有产品信息发布功能，也可以作为发布分类广告的场所。

3. 在线黄页服务

在线黄页服务的名称来源于电话号码黄页，简单来说就是企业名录和简介，通常具有一个网页（也有的提供几个网页）。企业可以用来发布基本信息如产品介绍、企业新闻、联系方式，可以发布一定数量的文字和图片信息。当大量的企业黄页集中于一个网站上时，便形成了一个可以按行业、产品分类的企业信息数据库，这就是在线黄页的表现形式。与电话黄页相比，在线黄页有更多的优越性，如企业信息可以随时更新，便于用户检索等。典型的黄页服务如新浪企业黄页等。

4.网络社区

网络社区是指包括论坛、讨论组、聊天室、博客以及其他社会性网络等在内的网上交流空间，同一主题的网络社区集中了具有共同兴趣的访问者。由于有众多用户的参与，不仅具备交流的功能，实际上也成为一种营销场所。早期的网络社区如论坛和讨论组等是网络营销的主要场所，营销人员通过发布广告信息等方式达到宣传的目的。但随着网络社区逐步走向规范，往往不欢迎发布广告信息，即使有专门的广告发布区，浏览者通常也比较少，依靠网络社区营销的成功率很低，因此逐渐失去了网络营销价值。值得关注的是，博客、维基和其他社会性网络的迅速发展成为新的具有活力的网络社区模式，也产生了一些创新的网络社区营销方法。不过总体来说，网络社区营销还不是主流网络营销模式。

（二）在线销售方法

无论是否拥有企业网站，都可以利用网上商店与网上拍卖等方式开展网上销售工作，让互联网成为企业新型的销售渠道。网上商店与网上拍卖都是实现在线销售的比较简单的手段，这种网络营销方法需要建立在专业服务商提供的电子商务平台之上。

（1）网上商店

所谓网上商店，是指建立在第三方提供的电子商务平台上的、由商家自行开展电子商务的一种形式，如同在大型商场中租用场地开设商家的专卖店一样。网上商店的主要特点在于：缩短了企业开展电子商务的投入周期；简化了开展电子商务的复杂过程；增加了网上展示产品的窗口；直接获得网上销售收入；不需要太多的专业知识，便于管理。建设一个功能完善的电子商务网站需要投入大量资金，还涉及网上支付、网络安全、商品配送等一系列复杂的问题。对于许多中小企业来说，不仅进入门槛很高，而且由于网上销售还没有成为产品销售的主流渠道，即使有实力建立一个具备网上交易功能的网站，实际上也不一定合算。因此，网上商店作为一种网络营销和网上销售方式，有其独特的作用。现在有许多电子商务网站提供网上商店平台服务，如当当网等。合理利用网上商店的功能，也能在某些方面发挥企业网站的部分功能，如产品信息发布、产品促销等。

(2) 网上拍卖

网上拍卖是电子商务领域比较成功的一种商业模式，是个人对个人电子商务（C2C）的一种具体表现形式。国外一些知名网站如 eBay 等已经取得了很好的经营业绩。国内阿里巴巴旗下的淘宝网也从网上拍卖开始逐渐发展成为包括 C2C、B2C 为一体的电子商务平台，为国内个人和中小企业开展电子商务提供了极大的便利。早期的网上拍卖以二手商品交易为主，并且仅限于个人对个人的交易，通常只能按照拍卖的形式来进行，即出价高者获得购买权。现在的一些 C2C 网站实际上已经不再局限于个人物品拍卖这一种形式，也包括固定价格模式，还可以开设网上商店，这些都比较适用于小型企业的产品在线销售，其方法与网上商店类似。除了上述几种信息发布和网上销售方法之外，适用于无站点的网络营销的方法常见的还有网络广告、电子邮件营销、病毒式营销、博客营销等多种形式，事实上这些都是通用的网络营销方法，无论是否拥有企业网站都可以应用。

二、基于企业网站的网络营销方法

相对于无站点营销，在拥有企业网站的情况下，网络营销的手段要丰富得多。由于有企业网站的支持，网络营销效果也较无站点营销更有保证。例如，同样是利用网上商店开展在线销售，在拥有企业网站的情况下，还可以将企业网站的资源与建立在电子商务平台上的网上商店结合起来，网上商店作为企业网站功能的补充，而企业网站为网上商店提供丰富的企业信息和产品信息，并且可以通过网站推广获得用户资源，这些资源又为网上商店带来新的潜在用户。由于互联网用户迅速增加，网络营销的价值获得了普遍认可。而且随着网站建设技术和市场的成熟，费用也越来越低，功能却在不断增强。现在已经有越来越多的企业开始建立自己的网站，因此基于企业网站的网络营销方法是主流形式。本书后面在没有特别说明的情况下，所介绍和应用的网络营销方法均假定是在已经拥有企业网站的前提下。

由于一种网络营销职能的实现可能需要多种网络营销方法，而同一种网络营销方法可能对多种网络营销职能发挥作用，因此这里将不再继续细分基于网站的网络营销方法的功能，只对其中部分最常用的方法进行简要介绍。

(一) 搜索引擎营销

搜索引擎营销是最常用的网络营销方法之一，主要用于网站推广、网络品牌建设、产品促销等方面。搜索引擎营销的基本形式包括：分类目录型搜索引擎登录、基于自然检索的搜索引擎优化，以及不同形式的付费搜索引擎关键词广告。早期的搜索引擎营销基本上属于免费的搜索引擎登录及优化排名。随着搜索引擎对用户获取信息重要程度的不断增长，相应地也出现了多种搜索引擎营销模式的组合，如按点击付费模式（CPC）的关键词广告与搜索引擎优化相结合的综合搜索引擎营销策略等。

（二）网站资源合作

每个企业网站均可以拥有自己的资源，这种资源可以表现为一定的访问量、注册用户信息、有价值的内容和功能、网络广告空间等，利用网站的资源与合作伙伴开展合作，实现资源共享、共同扩大收益的目的。在这些资源合作形式中，交换链接是最简单的一种合作方式，调查表明这也是新网站推广的有效方式之一。

交换链接（或称互惠链接），是具有一定互补优势的网站之间的简单合作形式，即分别在自己的网站上放置对方网站的标志或网站名称，并设置对方网站的超级链接，使得用户可以从合作网站中发现自己的网站，达到互相推广的目的。这是交换链接最初的意义，即通过互相链接网站获得潜在用户访问。

（三）病毒式营销

病毒式营销是一种常用的营销方法，常用于进行网站推广、品牌推广等。病毒式营销利用的是用户口碑传播的原理，在互联网上，这种"口碑传播"更为方便，可以像病毒一样迅速蔓延，因此病毒式营销成为一种高效的信息传播方式。而且由于这种传播是用户之间自发进行的，使病毒式营销成为几乎不需要付费的网络营销手段。

病毒式营销并非真的以传播病毒的方式开展营销，而是通过用户的口碑宣传网络，信息像病毒一样传播和扩散，利用快速复制的方式传向数以百万计的受众。病毒营销既可以看作一种网络营销方法，也可以被认为是一种网络营销思想，即通过提供有价值的信息和服务，利用用户之间的主动传播来实现网络营销信息传递的目的。

（四）网络广告

网络广告是大型门户网站、新闻网站、搜索引擎等网络媒体的主要收入来源，大量的网络媒体提供了丰富的网络广告空间。网络广告以自己的特点获得了企业的认可，如网络广告的可测量性、多种展示形式和灵活的计费模式、价格相对较低、可实现一定程度的互动等。在浏览网站新闻、登录免费邮箱、使用搜索引擎检索时,往往会看到各种形态的网络广告,如动画广告、图片广告、文字广告、视频广告、电子邮件广告等,这些不同形式的网络广告有其自身的规律。

(五)许可电子邮件营销

前面已介绍,作为网络营销基本工具之一的电子邮件具有多方面的功能,是最有效的网络营销信息传递工具之一。通过电子邮件实现的网络营销信息传递就是电子邮件营销。不过本书所要介绍的,不是简单地向潜在用户发送信息,而是基于用户许可、建立在一定规范基础上的电子邮件营销——许可电子邮件营销。许可电子邮件营销是网络营销方法体系中相对独立的一种,既可以与其他网络营销方法相结合,也可以独立应用。

(六)网络会员制营销

网络会员制营销的英文是"affiliate program",国内也有文章翻译为其他名词,如"联属网络营销""会员制计划"等。网络会员制营销是通过利益关系和计算机程序将无数个网站连接起来,将商家的分销渠道扩展到地球的各个角落,同时为会员网站提供了一个简易的赚钱途径。一个网络会员制营销程序应包括一个提供这种程序的商业网站和若干个会员网站,商业网站通过各种协议和计算机程序与各会员网站联系起来。

除了上述几种常用方法外,在网络营销方法中,还包括网站流量分析方法、在线调研方法等。这些基本的网络营销方法成为实现网络营销职能的基础,网络营销的展开就是对各种网络营销工具和方法分别或相互结合的应用。

第六章 网络营销目标市场

第一节 网络营销市场细分概述

市场细分化和目标营销，是第二次世界大战后市场营销理论和战略的新发展，是 20 世纪 50 年代中期由美国市场营销学者温德尔·斯密根据企业营销实践，归纳总结出来的一个新概念，此后受到广泛重视和普遍运用。过去，在传统的营销思想指导下是没有市场细分化这一概念的。

由市场细分（Segmentation）、目标市场选择（Targeting）、定位（Positioning）构成的 STP 理论，是战略营销的核心内容，指企业在一定的市场细分的基础上，确定自己的目标市场，最后把产品或服务定位在目标市场中的确定位置上。

一、网络营销市场细分的概念

网络营销市场细分，指企业在调查研究的基础上，依据网络消费者的购买欲望、购买动机与习惯爱好的差异性，把网络营销市场划分成不同类型的群体，每个消费群体构成企业的一个细分市场。

企业选择网络目标市场的基础和前提是对市场的期待。网络营销市场细分的意义是：第一，有利于企业发掘和开拓新的市场，提高企业竞争能力；第二，有利于制定和调整市场营销组合策略，增强企业应变能力；第三，有利于集中使用企业资源，提高经济效益。

（一）速度

在这个社会上，没有速度上班会迟到，没有速度客户会跑掉……现实生活中的所有一切都在提醒着我们，只有拥有了胜人一筹的速度，才能够生存。在网络上做营销，速度就是客户。有谁敢说即便别人比我捷足先登，我依然能够获得最后的订单？没有！市场是在竞争中发展的，在营销过程中没有速度，留给你的会是什么？如何能够使自己的网络营销鹤立鸡群？通过网络广告的发布等各种宣传可以做到。

如今的网络是一个由信息组成的集成块，只要找对路，任何一路都能通向成功，可是花费的时间是不一样的，比如在选择网络广告服务商时，你需要确定自己注重的是价格还是品牌。有了便宜价格，可能效果并不能立竿见影；有了响亮的品牌，可能费用会高点，但是花费的背后是巨大的速度优势，你跑在他人前面，就意味着你获得了更多机会。

（二）针对性

光有速度还不够，宣传必须具有针对性。

比如，曾有个说法，营销要从女人和孩子抓起，他们的钱最好赚。因为这两个消费群体，比较容易被营销打动。

真是这样吗？可以说，女人是世界上最挑剔的动物，要赚她们的钱，需要你具有足够的细心及充分的针对性准备。其实女性是极其难以讨好的族群，她们非常小心翼翼，非常讲究感觉，购物时非常需要信赖感。女性的网上消费情况与男性完全不同。男性往往喜欢直奔主题，搜索到自己想要的买下就走，目的性相当强。而女性则喜欢没有目的地闲逛，什么都进去看看，但未必会买下。有一种内文广告就是针对女性的这种特征的。这种广告运用了关键字链接，将广告插在文中，在浏览文章的同时，鼠标只要移动到关键字的位置就会弹出广告，如此完全适合女性族群的口味。

对于小孩来说，现在不像过去，市场上商品数量和花样早已呈平方式地增长，孩子的可选对象多了，要求也水涨船高，要有精准的针对性着实不容易。但只要广告有足够吸引力，他们就会要求去消费。

（三）精确性

网络是由数字信息建立起来的。在网络上，拥有精确的统计数字并不是一件困难的事。一个好的网络广告商能提供给你的数据，有时足以对你的营销起到至关重要的帮助。这些精确的数字对于每一个广告主而言都是一个能够紧紧钩住市场的"鱼钩"，它能告诉你什么时候开始投资，什么时候市场会发生变化，什么是消费者最需要的。所以，选择一个能够为你提供精确数据的广告商相当重要。

在对市场需求进行测量和预测的基础上，实行市场细分化、目标化和定位，是企业市场营销战略的核心，是决定营销战略成败的关键。因为为数众多、分布广泛的购买者，由于各种因素的影响，都有不同的需要和欲望。对此，任何一个企业，即使是大企业，也不可能全面予以满足，不可能为所有的购买者提供有效的服务。

因此，每个企业都应该采取三个步骤：一是按照一定的标准对市场进行细分；二是评估选择对本企业最有吸引力的细分部分，作为自己为之服务的目标市场，实行目标营销；三是确定自己在市场上的竞争地位，搞好产品的市场定位。

一个企业切忌没有明确的目标顾客和市场定位，盲目开发，盲目竞争。也就是说，选择目标市场和制定相应的营销组合，是市场营销战略构成的基本内容。而市场细分化是目标营销、市场定位的前提和基础，在选择目标市场基础上，才能采取相应的市场营销组合，即制定出正确的产品策略、价格策略、渠道策略及促销策略，以满足消费需求，实施市场营销战略。

二、网络营销市场细分的作用

（一）有利于企业发掘和开拓新的市场

网络消费者尚未加以满足的需求，对企业而言往往是潜在的，一般不易发现。在调查基础上的市场细分，可以使企业深入了解网络市场顾客的不同需求，并根据各子市场的潜在购买数量、竞争状况及本企业实力的综合分析，发掘新的市场机会，开拓新市场。

（二）有利于制定和调查市场营销组合策略

网络市场细分是网络营销策略运用的前提。企业在对网络营销市场进行细分后，细分市场的规模、特点显而易见，消费者的需求清晰了，企业就可以针对各细分市场制定和实施网络营销组合策略，做到有的放矢。

（三）有利于集中使用企业资源，取得最佳营销效果

不管企业在网络营销中试图开展什么工作或者最后总的目的是什么，都将面对网络营销中的主要和次要的目标市场。在网络营销中，企业不仅要确定自己的目标市场在哪里，还要确定哪些是主要的，哪些是次要的，从而选择对自己最有利的目标市场，合理使用企业有限的资源，以取得最理想的经济效益。

第二节 网络市场细分理论

实现网络市场细分化，并不是简单地把消费者视为需求相同或不同就行了。因为它在企业市场营销活动中，处于战略地位，直接影响到企业各种营

销策略的组合。所以网络市场细分必然遵循一定的原则，或者具备一定的条件。

一、网络市场细分的原则

网络市场细分原则主要有以下几条。

（一）可衡量性

可衡量性是指表明消费者特征的有关资料的存在，或获取这些资料的难易程度。亦即细分出来的市场，不仅范围比较明晰，而且能够大致判定该市场的大小，各有其容易认识的组成人员、共同的特征，表现出类似的行为，并且有可能取得表明购买特性的资料。比如，以地理因素、消费者的年龄和经济状况等因素进行市场细分时，这些消费者的特征就很容易衡量，该资料的获得也比较容易，而若以消费者心理因素和行为因素进行市场细分，其特征就很难衡量。

（二）实效性

实效性是指网络营销市场细分后各子市场的需求规模及获利性，值得企业进行开发的程度。也就是说，细分出来的各子市场必须大到足以使企业实现它的利润目标。这取决于这个市场的人数和购买力。在进行市场细分时，企业必须考虑细分市场上消费者的数量、购买能力和购买数量。一个细分市场应是适合设计一套独立营销计划的最小单位，因此，市场细分并不是分得越细越好，而应该科学归类，保持足够容量，使企业有利可图。

（三）可接近性

可接近性是指企业能有效地集中力量接近网络目标市场并有效地为之服务的程度。企业对所选中的网络目标市场，能有效地集中营销能力，开展营销活动。可接近性一方面指企业能够通过一定的媒体把产品信息传递到细分市场的消费者；另一方面指产品经过一定的渠道能够到达细分市场。对于企业难以接近的网络市场，进行细分就毫无意义。

（四）反应的差异性

反应的差异性是指不同的细分市场对企业采用相同营销策略组合的不同反应程度。如果网络市场细分后，各细分市场对相同的营销组合策略做出类似的反应，就不需要为每个子市场制定一个单独的营销组合策略了，细分市场也就失去了意义。例如，若所有的细分市场按同一方式对价格变动做出反应，也就无须为每一个市场规定不同的价格策略。

（五）稳定性

网络细分市场必须在一定时期内保持相对稳定，以使企业制定较长期的营销策略，有效地开拓并占领该目标市场，获取预期收益。若细分市场变化过快，将会增加企业的经营风险。

值得注意的是，细分市场并不是越细越好。因为如果分得过细会导致以下后果：增加细分变数，给细分带来困难；影响规模效益；增大费用和成本。这时就应该实施反细分化策略。它并不是反对市场细分，而是要减少细分市场数目，即略去某些细分市场，或把几个太小的细分市场集合在一起。

二、网络市场细分的标准

（一）B2C 的市场细分标准

一种产品的整体市场之所以可以细分，是由于消费者或用户的需求存在差异性。在 B2C 市场上，市场是由以满足生活消费为目的的消费者构成的，消费者的需求和购买行为等具有许多不同的特性，这些不同的需求差异性因素，便是 B2C 市场细分的基础。

由于引起消费者需求差异性的因素很多，在实际操作中，企业一般综合运用有关标准来细分市场，而不是单一采用某一标准。概括起来，B2C 市场细分的标准主要有 4 类，即地理因素、人口因素、心理因素、行为因素。以这些因素为标准来细分市场就产生地理细分、人口细分、心理细分和行为细分 4 种市场细分的基本形式。

1. 按地理因素细分市场

Internet 这个全球性的网络，虽然打破了常规地理区域的限制，但是不同地理区域之间的人口、文化、经济等差异将会长期存在。目前我国区域经济的不平衡性，也使得在上网人口的分布上明显呈现出东部沿海地区和中西部地区的不平衡性，这一特点也就构成了企业在网络市场细分过程中需要考虑的一个重要因素。

地理细分是指按照消费者所处的地理位置、自然环境来细分市场，比如，根据国家、地区、城市的规模、气候、人口密度、地形地貌等方面的差异将整体市场分为不同的细分市场。

地理因素之所以能作为市场细分的标准，是因为处在不同地理环境下的消费者对同一类产品往往有不同的需求与偏好，他们对企业采取的营销策略与措施会有不同的反应。比如，在我国南方沿海一些省份，某些海产品被视为上等佳肴，而内陆的许多消费者却觉得味道平常。又如，由于居住环境的差异，城市消费者与农村消费者在室内装饰用品的需求上大相径庭。

地理变量易于识别，是细分市场应予以考虑的重要因素，但处于同一地理位置的消费者需求仍会有很大差异。比如，在我国的一些大城市，像北京、上海，流动人口逾百万，这些流动人口本身就构成一个很大的市场，很显然，这一市场有许多不同于常住人口市场的需求特点。所以，简单地以某一地理特征区分市场，不一定能真实地反映消费者的需求共性与差异，企业在选择目标市场时，还需结合其他细分变量予以综合考虑。

2. 按人口因素和分市场

消费者需求、偏好与人口统计变量有很密切的关系，比如，只有收入水平很高的消费者才可能成为高档服装、名贵化妆品、高级珠宝等的经常买主。

人口统计变量较容易衡量，有关数据也相对较容易获取，这就是企业经常以它作为市场细分标准的重要原因。

经常用于市场细分的人口因素，包括性别、年龄、收入、职业与教育、家庭生命周期、家庭规模、种族、国籍等。实际上，大多数企业通常采用两种或两种以上人口因素来细分市场。

（1）性别

男性与女性在产品需求与偏好上有很大不同，如对服饰、鞋帽、化妆品等的需求明显有别。像美国的一些汽车制造商，过去一直是迎合男性要求设计汽车，现在，随着越来越多的女性参加工作和其社会经济地位的逐渐提高，这些汽车制造商正研究市场机会，设计具有吸引女性消费者特点的汽车。

（2）年龄

不同年龄的消费者对商品需求的特征也有着明显的差异。一般来说，儿童需要玩具、食品、童装、儿童读物；青年人则需要学习、体育和文娱用品；老年人需要营养品与医疗保健用品等。按年龄细分市场，有利于满足各年龄档次的消费者的特定需要。因此，企业必须掌握网络消费者的年龄结构、各年龄段的消费者占整个消费者群体的比重，以及各种年龄消费者的需求特点。

（3）收入

不同收入的消费者对商品的需求也有明显的差异。一般而言，低收入者对商品价格会比较敏感，而高收入者更看重商品的品质及购买的方便性。比如，同是外出旅游，在交通工具及食宿地点的选择上，高收入者与低收入者会有很大的不同。再如，目前我国学生占上网人口的比重较大，而有网上消费记录的却不多，这在很大程度上也是由于经济条件的制约。正因为收入是引起需求差别的一个直接而重要的因素，所以企业应该用不同档次、不同价格的商品去满足具有不同支付能力的消费者。

(4) 职业与教育

这是指按消费者职业的不同、所受教育的不同以及由此引起的需求差别细分市场。比如，教师、职员、工人、农民、学生等不同职业者，对商品的需求有明显的差异。又如，消费者受教育水平的差异会引起志趣、生活方式、文化素养、价值观念等方面的差异，从而影响到他们的购买种类、购买行为、购买习惯等。不同消费者对居室装修用品的品种、颜色等有不同的偏好就是一个证明。

(5) 家庭生命周期

一个家庭，按年龄、婚姻和子女状况等，可划分为 7 个阶段。在不同阶段，家庭购买力、家庭人员对商品的兴趣与偏好有较大差别。

单身阶段：年轻，单身，几乎没有经济负担，新消费观念的带头人，娱乐导向型购买者。

新婚阶段：年轻夫妻，无子女，经济条件比较好。他们购买力强，对耐用品、大件商品的购买欲望强烈。

满巢阶段 I：年轻夫妻，有 6 岁以下子女，家庭用品购买的高峰期。不满足现有的经济状况，注意储蓄，购买较多的儿童用品。

满巢阶段 II：年轻夫妻，有 6 岁以上未成年子女，经济状况较好，购买趋向理智型，受广告及其他市场营销措施刺激的影响相对减弱，注重档次较高商品及子女的教育投资。

满巢阶段 III：年长的夫妇与尚未独立的成年子女同住，经济状况较好，妻子或子女皆有工作。他们注重储蓄，购买冷静、理智。

空巢阶段：年长夫妇，子女离家自立。前期收入较高，购买力达到高峰期，较多购买老年人用品，如医疗保健品，娱乐及服务性消费支出增加。后期退休，收入减少。

孤独阶段：单身老人独居，收入锐减。特别注重情感、关注等需要及安全保障。

3. 按心理因素细分市场

心理因素包括购买者所处的社会阶层、生活方式、个性等。

(1) 社会阶层

社会阶层是指在某一社会中具有相对同质性和持久性的群体。处于同一阶层的成员具有类似的价值观、兴趣爱好和行为方式，不同阶层的成员则在上述方面存在较大的差异。很显然，识别不同社会阶层的消费者所具有的不同特点，对很多产品的市场细分将提供重要的依据。

(2) 生活方式

通俗地讲，生活方式是指一个人怎样生活。人们追求的生活方式各不相同，有的追求新潮时髦，有的追求恬静、简朴，有的追求刺激、冒险，有的追求稳定、安怡。西方一些服装生产企业为"简朴的妇女""时髦的妇女"和"有男子气的妇女"分别设计不同服装，烟草公司针对"挑战型吸烟者""随和型吸烟者"及"谨慎型吸烟者"推出不同品牌的香烟，均是依据生活方式细分市场。

(3) 个性

个性是指一个人比较稳定的心理倾向与心理特征，它会导致一个人对其所处环境做出相对一致和持续不断的反应。俗话说："人心不同，各如其面。"每个人的个性都会有所不同。通常，个性会通过自信、自主、支配、顺从、保守、适应等性格特征表现出来。企业依据个性因素细分市场，可以为其产品更好地赋予品牌个性，以与相应的消费者个性相适应。

4. 按行为因素细分市场

根据购买者对产品的了解程度、态度、使用情况及反应等，将他们划分成不同的群体，叫行为细分。许多人认为，行为变数能更直接地反映消费者的需求差异，因而成为市场细分的最佳起点。

行为因素主要包括：

(1) 购买时机

根据消费者提出需要、购买和使用产品的不同时机，划分成不同的群体。如有些商品是时令商品（如电扇、空调、取暖器等），有些商品是节日礼品或婚嫁特殊品，消费者购买时机有一定的规律性。

(2) 追求利益

依据消费者通过购买、消费产品期望得到的主要利益，进行市场细分。消费者购买某种产品总是为了解决某类问题，满足某种需要。然而，产品提供的利益往往并不是单一的，而是多方面的。消费者对这些利益的追求时有侧重，如对购买手表，有的追求经济实惠、价格低廉，有的追求耐用可靠和使用维修的方便，还有的偏向于显示社会地位。

(3) 使用者状况

根据顾客是否使用和使用程度细分市场。通常可分为：经常购买者、首次购买者、潜在购买者、非购买者。大公司往往注重将潜在使用者变为实际使用者，较小的公司则注重于保持现有使用者，并设法吸引使用竞争产品的顾客转而使用本公司产品。

(4) 使用数量

根据消费者使用某一产品的数量大小细分市场。通常可分为大量使用者、中度使用者和轻度使用者。大量使用者人数可能并不多，但他们的消费量在全部消费量中占很大的比重。美国一家公司发现，美国啤酒的 80% 是被 50% 的顾客消费掉的，另外一半顾客的消耗量只占消耗总量的 12%。因此，啤酒公司宁愿吸引重度饮用啤酒者，而放弃轻度饮用啤酒者，并把重度饮用啤酒者当作目标市场。该公司还进一步了解到，大量喝啤酒的人多是工人，年龄在 25—50 岁之间，喜欢观看体育节目，每天看电视的时间不少于 3-5 小时。很显然，根据这些信息，企业可以大大改进其在定价、广告传播等方面的策略。

(5) 品牌忠诚度

企业还可根据消费者对产品的忠诚度细分市场。有些消费者经常变换品牌，另外一些消费者则在较长时期内专注于某一品牌或少数几个品牌。通过了解消费者的品牌忠诚度情况，品牌忠诚者与品牌转换者的各种行为与心理特征，不仅可为企业细分市场提供基础，同时也有助于企业了解为什么有些消费者忠诚于本企业产品，而另外一些消费者忠诚于竞争企业的产品，从而为企业选择目标市场提供启示。

(6) 购买的准备阶段

消费者对各种产品的了解程度往往因人而异。有的消费者可能对某一产品确有需要，但并不知道该产品的存在；还有的消费者虽已知道产品的存在，但对产品的价值、稳定性等还存在疑虑；另外一些消费者则可能正在考虑购买。针对处于不同购买阶段的消费群体，企业可进行市场细分并采用不同的营销策略。

(7) 态度

企业还可根据市场上顾客对产品的热心程度来细分市场。不同消费者对同一产品的态度可能有很大差异，如有的持肯定态度，有的持否定态度，还有的持既不肯定也不否定的无所谓态度。针对持不同态度的消费群体，企业在广告、促销等方面应当有所不同。

(二) B2B 的市场细分标准

许多用来细分 B2C 市场的标准，同样可用于细分 B2B 市场。但由于生产者与消费者在购买动机与行为上存在差别，所以，除了运用前述 B2C 市场细分标准外，还可用其他标准来细分 B2B 市场。

1. 用户规模

在 B2B 市场中，大客户数量少，但每次购买量往往很大；而中小客户数量多，但每次购买量很小。用户规模不同，企业的营销组合方案也应该有所区别。网络营销中，借助顾客数据库，就可以对企业的客户按照采购数量实行分类管理，制定不同的营销策略。

2. 最终用户

在B2B市场上，依据产品的最终用户细分企业用户群，在于强调某个产品在某个行业的最终用途。不同的最终用户（或产品不同的最终用途）对同一产品追求的利益不同。企业分析产品的最终用户，就可针对不同用户的不同需求制定不同的营销策略。

3. 企业购买状况

企业购买的主要方式包括直接重复购买、重复购买及新任务购买。不同购买方式的采购程度、决策过程等各不相同，可据此将整体市场细分为不同的子市场。

三、网络市场细分的方法

根据细分程度的不同，市场细分有3种方法，即完全细分、按一个影响需求的因素细分和按两个以上影响需求的因素细分。

1. 完全细分

假如购买者的需求完全不同，那么每个购买者都可能是一个单独的市场，完全可以按照这个市场所包括的购买者数目进行最大限度的细分，即这个市场细分后的小市场数目也就是构成此市场的购买数目。

在实际市场营销中，有少数产品确实具有适于按照这种方法细分的特性。但在大多数情况下，要把每一购买者都当作一个市场，并分别生产符合这些单个购买者需要的各种产品，从经济效益上看是不可取的，而且实际上也是行不通的。因此，大多数企业还是按照购买者对产品的要求或对市场营销手段的不同反应，对其做概括性的分类。

2. 按一个影响需求的因素细分

对某些通用性比较大、挑选性不太强的产品，往往可按其中一个影响购买者需求最强的因素进行细分，如可按收入不同划分，或按不同年龄范围划分。

3. 按两个以上影响需求的因素细分

大多数产品的销售都受购买者多种需求因素的影响，如不同年龄范围的消费者，因生理或心理的原因对许多消费品都有不同要求；同一年龄范围的消费者，因收入情况不同，也会产生需求的差异；同一年龄范围和同一收入阶层的消费者，更会因性别、居住地区及许多情况不同而有纷繁复杂、互不相同的需求。因此，大多数产品都需按照两个或两个以上的因素细分。

第三节 网络消费者分析

网络消费者是指通过互联网在电子商务市场中进行消费和购物等活动的消费者人群。

一、网络消费者的类型

网络消费者可以分为 6 类：简单型、冲浪型、接入型、议价型、定期型和运动型。

（一）简单型

这类消费者需要的是方便直接的网上购物。他们每月只花 7 小时上网，但他们进行的网上交易却占了一半。零售商们必须为这一类型的人提供真正的便利，让他们觉得在你的网站上购买商品将会节约更多的时间。要满足这类人的需求，首先要保证订货、付款系统的安全、方便，最好页面上设有购买建议。另外，提供一个易于搜索的产品数据库，是保持顾客忠诚度的一个重要手段。

（二）冲浪型

这类消费者占常见网民的 8%，而他们在网上花费的时间却占了 32%，并且他们访问的网页数是其他网民的 4 倍。冲浪型网民对常更新、具有创新设计特征的网站很感兴趣。

（三）接入型

这类消费者是刚触网的新手，占 36%。他们很少购物，而是喜欢网上聊天和发送免费问候卡。那些有着著名传统品牌的公司应对这群人保持足够的重视，因为网络新手们更愿意相信生活中所熟悉的品牌。另外，这些消费者的上网经验不是很丰富，一般对网页中的简介、常见问题的解答、名词解释、站点结构之类的链接会更加感兴趣。

（四）议价型

这类消费者有一种趋向购买便宜商品的本能，eBay 网站一半以上的顾客属于这一类型。他们喜欢讨价还价，并有强烈的愿望在交易中获胜。在自己的网站上打出"大减价""清仓处理""限时抢购"之类的字眼能够很容易地吸引到这类消费者。

（五）定期型和运动型

这类消费者通常都是为网站的内容所吸引。定期型网民常常访问新闻和商务网站，而运动型网民喜欢运动和娱乐网站。目前，网络商面临的挑战是如何吸引更多的网民，并努力将网站访问者变为消费者。对于这类型的消费者，网站必须保证自己的站点包含他们所需要的和感兴趣的信息，否则他们会很快跳过这个网站进而转入下一个网站。

二、网络消费者的购买行为及其影响因素

网络消费者的购买行为是影响网络营销的重要因素。了解网络消费者的购买类型、购买动机，可以帮助网络消费者正确把握自己的消费行为，并为企业网络营销提供决策的科学依据。

（一）网络消费者的购买行为

按照消费者需求的个性化程度，可以将网络消费者的购买行为划分为简单型、复杂型和定制型。

1. 简单型

简单型购买的产品大多是书籍、音像制品等标准化产品。消费者对它们的个性化需求不大，基本上属于同质市场。消费者购买这类产品通常以传统购买习惯为依据，不需要复杂的购买过程，购买前一般不会进行慎重的分析、筛选，主要以方便购买作为首要条件。

2. 复杂型

这类购买行为主要发生在购买电视机、电冰箱等技术含量相对较高的耐用消费品的场合。由于消费者对这些产品的许多技术细节不了解，因而对品牌的依赖性较大。随着这些产品逐渐走向成熟，消费者对它们变得越来越熟悉，这种复杂型购买将逐步趋于简单化。对这些产品，消费者的个性化需求主要表现在产品的颜色、外观造型上，对厂商的要求不是很高，厂商介入的程度不大。

3. 定制型

这类购买行为是指消费者按照自己的需求和标准，通过网络要求厂商对产品进行定制化生产。定制型购买的产品大致有三类：一类产品是技术含量高、价值高的大型产品。定制虽然增加了制造成本，但可以大大削减非必要功能，从而获得更个性化同时也更经济的产品。另一类产品是技术含量不高

但价值高的个性化产品。这类产品与消费者的兴趣、偏好有直接的关系。还有一类产品是计算机软件及信息产品。

（二）网络消费者购买行为的影响因素

网络消费者理智动机所占比重较大，而感情动机的比重较小，这是因为消费者在网上寻找商品的过程本身就是一个思考的过程。他有足够的时间仔细查看商品的性能、质量、价格和外观，从容地做出自己的选择。其次，网上购买受外界影响小。购买者常常是独自坐在计算机前上网浏览、选择，与外界接触较少，决策范围有一定的局限性，大部分购买决策是自己做出或与家人商量后做出。因此，网上购物的决策行为较之传统的购买决策要快得多。

影响网络消费者购买行为的因素主要是：

1. 产品的特性

首先，由于网上市场不同于传统市场，网络消费者有着区别于传统消费者的消费需求特征，因此，并不是所有的产品都适合在网上销售和开展网上营销活动。根据网络消费者的特征，网上销售的产品一般要考虑产品的新颖性，即产品是新产品或者是时尚类产品，才比较能吸引消费者的注意。追求商品的时尚和新颖，是许多消费者，特别是青年消费者重要的购买动机。

其次，要考虑产品的购买参与程度。一些产品要求消费者参与程度比较高，消费者一般需要现场购物体验，而且需要很多人提供参考意见。这些产品就不太适合网上销售。对于消费者需要购买体验的产品，可以借助网络营销推广功能，辅助传统营销活动进行，或者将网络营销与传统营销进行整合，还可以通过网络来宣传和展示产品，消费者在充分了解产品的性能后，可以到相关商场再进行选购。

2. 产品的价格

从消费者的角度说，价格不是决定购买的唯一因素，但又是肯定要考虑的因素，而且是一个非常重要的因素。对一般商品来讲，价格与需求量之间经常表现为反比关系，同样的商品，价格越低，销售量越大。网上购物之所以具有生命力，重要的原因之一是网上销售的商品价格普遍比较低廉。

此外，消费者对互联网有一个免费的价格心理预期，认为即使网上商品依然是要花钱的，那价格也应该比传统渠道要低。其原因，一方面是互联网的起步和发展都依托了免费策略，以致互联网的免费策略深入人心，而且免费策略也得到了成功的商业运作。另一方面，互联网作为新兴市场，可以减少传统营销中的中间费用和一些额外的信息费用，可以大大削减产品的成本和销售费用，这也是互联网商业应用的巨大增长潜力所在。

3. 购物的便捷性

便捷性是消费者选择网上购物的首要考虑因素之一。这个便捷性，一般而言，一是指时间上的便捷性，可以不受时间的限制并节省时间；二是指可以足不出户，在很大范围内选择商品。

4. 安全可靠性

网上购物另外一个必须考虑的因素是安全性和可靠性问题。由于是在网上消费，一般需要先付款后送货，如此过去购物时的"一手交钱一手交货"的现场购买方式发生了变化，网上购物中的时空发生了分离，消费者有失去控制的离心感。因此，为降低这种离心感，在网上购物各个环节必须加强安全措施和控制措施，保护消费者购物过程的信息传输安全和个人隐私保护，以及树立消费者对网站的信心。

第四节 网络目标市场定位策略

企业在制定市场营销策略后，还必须制定和实施市场定位策略。也就是说，企业不管采取何种目标市场策略，都必须进一步考虑在拟进入的一个或多个细分市场中推出具有何种特色的产品，应当作何种努力，使产品与营销组合在消费者心目中占据特定的位置。这是关系到企业产品能否为消费者认可和接受，企业能否搞出经营特色，站稳脚跟，求得发展的重要战略问题。

一、市场定位及其重要性

市场定位，亦称"产品—市场"定位或产品定位，是指企业根据市场状况和自身条件，在消费者心目中确定一个与竞争者产品不同的独特形象和地位。

目标市场决定以后，企业必须进行市场定位，为自己或者产品在市场上树立一定的特色，塑造预定的形象，并争取目标顾客的认同。它需要向目标市场说明，本企业与现有的及潜在的竞争者有什么区别。这种勾画企业形象和所提供的价值，以使目标顾客理解和正确认识本公司有别于其竞争者的象征的行为，就是市场定位。

在市场营销过程中，市场定位离不开产品和竞争，因此，市场定位、产品定位、竞争性定位三个概念经常交替使用。市场定位强调的是企业在满足市场需要方面，与竞争者比较，应当处于什么位置，使顾客产生何种印象和认识；产品定位是指就产品属性而言，企业与竞争对手的现有产品，应在目标市场上各自处于什么位置；竞争性定位则突出在目标市场上，相比较各竞争者的产品，企业应当提供何种特色的产品。三个术语在实质上，是从不同角度认识同一事物。

市场定位还有利于建立企业及其产品的市场特色。在现代社会，同一市场上有许多同一品种的产品出现的情况大量存在，给这些产品的生产厂家和经营者造成了严重的威胁。企业为了使自己生产或经营的产品获得稳定的销路，防止被别家产品所替代，唯有从各方面为其产品培养一定的特色，树立一定的市场形象，以期在顾客心目中形成一种特殊的偏爱。也就是说，进行市场定位。

二、市场定位的步骤

市场定位的主要任务，就是通过集中企业若干竞争优势，将自己与其他竞争者区别开来。市场定位是一个企业明确其潜在的竞争优势，选择相对的竞争优势，以及显示独特的竞争优势的过程。

（一）明确潜在的竞争优势

明确潜在的竞争优势，要求一个企业从以下三个方面寻找明确的答案。

第一，目标市场上的竞争者做了什么？做得如何？竞争者的成本和经营情况如何？对这些情况都要做出确切的估计。

第二，目标市场上足够数量的顾客确实需要什么？他们的欲望满足得如何？必须认定目标顾客认为能够满足其需要的最重要的特征。因为市场定位能否成功，关键在于企业能否比竞争者更好地了解顾客，对市场需求与其服务（包括产品、价格、渠道与促销各个方面）之间的关系有更深刻和独到的认识。

第三，本企业能够为此做些什么？这同样必须从成本和经营方面进行考察。

（二）选择相对的竞争优势

相对的竞争优势，是一个企业能够胜过竞争者的能力。有的是现有的，有的是具备发展潜力的，还有的是可以通过努力创造的。简言之，相对的竞争优势是一个企业能够比竞争者做得更好的工作。

（三）显示独特的竞争优势

独特的竞争优势不会自动地在市场上显示出来。企业要进行一系列活动，使其独特的竞争优势进入目标顾客的脑海，通过自己的一言一行，表明自己的市场定位。

1. 建立与市场定位相一致的形象

（1）让目标顾客知道、了解和熟悉企业的市场定位

一个企业要树立形象，首先必须积极、主动而又巧妙、经常地与顾客沟

通，以期引起顾客的注意和兴趣，并保持不断的联系。

（2）使目标顾客对企业的市场定位认同、喜欢和偏爱

认同是目标市场对企业有关市场定位信息的接受和认可，是顾客对这一市场定位的意义和合理性的承认。喜欢则是一种更为积极的情绪，是在认同的基础上产生的一种心理上的愉悦感。偏爱则是建立在喜欢基础上的一种特别的感情。

2. 巩固与市场定位相一致的形象

（1）强化目标顾客的印象

印象来源于认识。顾客对企业的市场定位及其形象的认识，是一个持续的过程，即不断地由浅入深、由表及里和由偏到全的深化过程，有明显的阶段性。这就使得增进顾客认识，强化其对企业的印象，显得十分必要。

（2）保持目标顾客的了解

一个企业必须有较强的应变能力，始终保持与相关环境之间的动态平衡。在这个过程中，纵然企业的市场定位无须调整，构成其市场定位的相对优势在内容、形式上，也可能发生变动。只有促使顾客的认识与这些变化同步发展，始终保持他们对企业及其市场定位的了解，其形象才能巩固。

（3）稳定目标顾客的态度

态度反映人们对某种事物所持的评价与行为倾向，并使一个人的行为表现出某种规律性。态度的形成有一个过程，一旦形成则将持续相当长时间而不轻易改变。所以，树立形象之后，还应不断向顾客提供新论据、新观点，证实其原有的认识和看法的正确性，支持企业的市场定位，防止顾客的态度向中间或反向转化。

（4）加深目标顾客的感情

顾客对一个企业及其市场定位的认识，不会是一个冷漠无情、无动于衷的过程，必然充满鲜明的态度体验和感情色彩。

3. 矫正与市场定位不一致的形象

许多时候，目标市场对企业及其市场定位的理解会出现偏差，如定位过低或过高，模糊或混乱，易造成误会。企业在显示其独特的竞争优势的过程中，必须对这种与市场定位不一致的形象加以矫正。

三、市场定位的方法

企业推出的每种产品，都需要选定其特色和形象。现有产品在其原有定位已经不再具有生命力时，亦需要重新做出定位决定。对产品的市场定位，可以应用多种方法，归纳起来有以下五种。

1. 根据产品的特色定位

如中国闽东电机公司，以东南亚别墅用户为目标市场，设计推出 ST 系列三相发电机。它电力负荷较大，符合当地用户习惯与汽车发动机配套的特殊要求，表面光洁度高，外表漆上玫瑰红、翡翠绿、孔雀蓝等鲜艳颜色，深受别墅用户喜欢。公司以产品的这些特色广为宣传，在目标顾客中形成突出的形象，结果在香港市场获得极高的占有率。

2. 根据为顾客带来的利益、解决问题的方式定位

产品本身的属性及由此获得的利益、解决问题的方法及需求满足的程度，能使顾客感受到它的定位。如在汽车市场上，德国的"大众"享有"货币的坐标"之美誉，日本的"丰田"侧重于"经济可靠"，瑞典的"沃尔沃"讲究"耐用"。在有些情况下，新产品更应强调某一种属性。如果这种属性是竞争者无暇顾及的，这种策略就越容易见效。

3. 根据产品的专门用途定位

为老产品找到一种新用途，是为该产品创造新的市场定位的好方法。

4. 根据用户种类定位

法国有一个制药厂，生产一种具有松弛肌肉和解热镇痛效能的药品。药厂针对不同用户做不同内容的宣传。法国人饮酒过量者较多，便宣传这种药品可以帮助消费者酒后恢复体力；英美人最怕感冒，便说明此药可以治疗头疼感冒；芬兰滑雪运动盛行，便强调该药品有助于消除疲劳；在意大利胃病患者较多，便又再三解释此药品的止疼功能。因此，这种本来并不复杂的药品在不同市场上获得了最适宜的形象，广销许多国家。

5. 根据与同类竞争产品的对比定位

这是与竞争对手产品相比较后而进行的市场定位。有两种方式：一是迎头定位，即与竞争对手对着干，如百事可乐的市场定位是针对可口可乐定的。二是避强定位，即避开竞争锋芒，另辟蹊径，占领被竞争者忽略的某一市场空隙，突出宣传本产品在某一方面的特色。

第七章 网络营销方式

第一节 交互式营销

交互式营销（Interactive Cooperation Marketing，ICM）是一种独创的崭新营销模式，是指雇员在服务客户时的技能。交互式营销是服务业三种营销类型中的一种，其他两种分别为内部营销和外部营销。

交互式营销的核心理念是让消费者参与进来成为经营者，也就是把最好的消费引荐给别人，让别人来成为一个消费者，从而成为经营者，甚至可以推荐诚信经营的企业加盟，成为加盟商，在三种角色下达成一个良性的互动而不断地扩展市场。加入这个交互式营销平台的人越多，就会为商家和企业带来更多的庞大的消费群体，会吸引更多有实力的商家看好这个平台，而经营者成为这个平台的缔造者和最终获益者，经营者也是消费者。这就是消费者参与财富的分配，是为普通人提供的最大的商业机会。

交互式营销不仅仅是一种传播，它是将品牌传播、市场活动、销售渠道都结合在一起，在销售中传播，在传播中销售，每一个消费者从主动兴趣到互动体验，从心生欢喜到口碑相传，消费者也是产品的一部分，形成消费者与产品的完全互动。它们之间不是相向关系，而是一体化的关系。

交互式营销的核心是打破传统营销传播"告知"消费者的模式，转而通过文化娱乐资讯以提供互动体验等方式让消费者彻底参与其中，信息接收与反馈同步双向沟通，并尽量使消费者成为二级传播源的传播模式，从而改变消费者行为。最终将品牌植入消费者心智中。

交互式营销是一场变革，也是一场革命，是对旧观念、旧思想、旧意识、旧思维方式、旧行为方式的挑战，是产品与品牌竞争升级的必然产物，也是竞争的一种高级形态。交互式营销是一种新型的商业模式，对企业的品牌打造具有重要作用。

一、交互式营销的定义

非利普·科特勒教授在其所著《营销管理》一书中说："关系营销的最终结果是建立起公司的独特资产，即一个营销网。营销网包括公司及所有与它建立互利业务关系的利益关系方（顾客、员工、供应商、分销商、零售商、广告代理人、大学科学家和其他人）。这样，竞争不是在公司之间进行，而是在整个网络之间进行，一个建立了更好关系网的公司将获胜。"

交互式合作营销，就是"消费者"同"公司"一起建立一个菲利普·科特勒教授所讲的"营销网"的生意。在"网络化"社会当中，建立"营销网"几乎是所有公司一个最基本的营销和竞争手段，所以，未来几乎所有的生意都将是"网络化"的。交互式营销，就是一个"网络化"的生意。"公司"同"消费者"合作（注意不是雇佣），一起共同去构建一个"营销网"。这个"营销网"属于双方共有，这是符合21世纪"合作经营"双方"共赢"原则的。这个"营销网"是消费者的"私人财产"，任何人无权剥夺和非法占有，就好像一个人购买的私人房产一样，他有权利继承、转让和拍卖。

交互式营销的"营销网"，由"五大网络"和"八大系统"组成。

五大网络：①物流配送网络；②消费者（顾客）网络；③零售终端（商场和店铺）网络；④电子商务网络；⑤电脑信息网络。

八大系统：①零售终端系统；②奖金分配（激励机制）系统；③物流配送系统；④顾客数据库管理系统；⑤电脑系统；⑥公司（内部）管理系统；⑦公司（外部）管理系统；⑧培训系统。

二、交互式营销的特点

它是全世界最简单的一种个人生意模式。

它是企业最迅速、最公道、最人性的产品分销模式。

它提供全球高品质的产品和商品。

它是当今各种营销模式（如整合营销、数据库营销、绿色营销、一对一营销、体验营销等）的集合体。

它是未来营销模式至高境界"五网合一"的模式，即消费（含零售）终端网络、顾客消费网络、电子商务网络、物流配送网络、电脑数据库及信息网络这五种网络系统合而为一的网络化模式。

它属于三个经济时代（产品经济时代、服务经济时代、体验经济时代）中第三个经济时代，即体验经济时代的体验营销模式。

三、交互式营销的作用

（一）使企业精准地锁定目标客户群，快速地在消费者心中形成认知

这比硬性的传播作用要大得多。当看一个网络广告或者一个多媒体形式的产品演示时，可以根据自己的兴趣，点击某个部分进行详细的研究，甚至可以改变各种图像的显示方式，还可以选择不同的背景音乐，或者根据自己的指令组合为新的产品模型，形成交互性很强的交流。

消费者可以实时参与，这种参与可以是有意识的询问，在一定程度上对原有顺序和内容进行改变，也可以是随机的、无意识的点击等。在网上，交互式广告、网络游戏、智能查询、在线实时服务等等都有不同程度的交互性，这些都成为交互式营销的重要特色。

（二）能增强顾客对品牌的忠诚度

与强制性相比，交互式营销的强参与性，使得消费者与产品的距离感大大缩短，同时消费者回应的时间都是实时的，沟通手段也更加多样化，消费者可以随时随地了解交易的信息。消费者与被消费者互传信息是双向的，一方面自己制造信息，一方面自己消费，因此，对品牌的理解也更深刻。

这种自给自足的消费方式，可以完全满足消费者的需求。因为这种方式消开了生产者与消费者之间的界限，二者合二为一了。还有比这种情况更能满足消费者需求的吗？肯定是没有的。

交互式营销让消费者产生更大的主动性，让产品销售在消费者的主动需求中变得实实在在，更能产生品牌记忆的效果。

（三）形成口碑传播的力量，使客户的黏性大大增强

因为你的产品已经与消费者的需求融为一体了，与其说是更好地吸引，不如说是让消费者参与到产品消费的游戏当中去了，这是传统营销方式不可能做到的。有了这样的互动，客户就是品牌的生产者之一。

（四）是低成本的品牌打造方式

有了交互性，顾客对品牌的认知更容易、更方便。如果客户对品牌认知了，品牌的建立也就非常容易了。

第二节　搜索引擎营销

一、搜索引擎营销的定义及价值

搜索引擎营销的基本思想是让用户发现信息，并通过搜索引擎搜索点击进入网站/网页，进一步了解他所需要的信息。

在介绍搜索引擎策略时，一般认为，搜索引擎优化设计主要目标有2个层次：被搜索引擎收录、在搜索结果中排名靠前。

简单来说，搜索引擎营销所做的就是以最小的投入在搜索引擎中获得最大的访问量并产生商业价值。多数网络营销人员和专业服务商对搜索引擎的目标设定也基本处于这个水平。但从实际情况来看，仅仅做到被搜索引擎收录，并且在搜索结果中排名靠前，还很不够，因为取得这样的效果实际上并不一定能增加用户的点击率，更不能保证将访问者转化为顾客或者潜在顾客，因此，只能说是搜索引擎营销策略中两个最基本的目标。

搜索引擎营销的价值是：①带来更多的点击与关注；②带来更多的商业机会；③树立行业品牌；④扩大网站广度；⑤提升品牌知名度；⑥加大网站曝光度；⑦根据关键词，通过创意和描述提供相关介绍。

二、搜索引擎营销的基本介绍

通过搜索引擎，当输入关键词后，即刻反馈出相关的信息，但是，不同的搜索引擎其原理是不同的。当使用不同的搜索引擎，如果留意就会发现，同一关键词在不同搜索引擎中得到的结果是不同的。不仅反馈的信息数量不同，排列位置也会有一定差异，在一个搜索引擎中排名靠前的网站，在另一个搜索引擎中很可能根本没有踪影。也正是因为这种原因，使得用户对某些搜索引擎有所偏爱，而对其他类型的搜索引擎，可能只在特殊情况下才会使用。就我们目前常用的搜索引擎而言，如百度、Google 等，同样具有不同的特征。尤其当用于网络营销工具时，各个搜索引擎的应用方式和效果也不同，如百度的竞价排名很有特色，而 Google 的关键词广告在全球都处于领先地位。

要了解搜索引擎的差异，首先需要了解搜索引擎的工作原理。

从工作原理来分，常见的搜索引擎有两类：一类是纯技术型的全文检索搜索引擎，如 Google、AltaVista 等，其原理是通过机器手（Spider 程序）到各个网站收集、存储信息，并建立索引数据库供用户查询。用户利用搜索引擎检索的信息并不是搜索引擎即时从互联网上检索得到的。通常所说的搜索引擎，其实是一个收集了大量网站/网页资料并按照一定规则建立索引的在线数据库，这样，当用户检索时才可以在很短的时间内反馈大量的结果。同样，当一些网页内容已经发生变化时，如果搜索引擎数据库中的信息还没有及时更新，那么在搜索结果中看到的将不是最新的网页信息。

另一类搜索引擎称为分类目录，这种搜索引擎并不采集网站的任何信息，而是利用各个网站向搜索引擎提交网站信息时填写的关键词和网站描述等资料，经过人工审核编辑后，如果符合网站登录的条件，则输入数据库以供查询。Yahoo！是分类目录的典型代表，国内的搜狐、新浪等搜索引擎也是从分类目录发展起来的。分类目录的好处是，用户可以根据目录有针对性地逐级查询自己需要的信息，而不是像技术性搜索引擎一样同时反馈大量的信息，而这些信息之间的关联性并不一定符合用户的期望。

从实质上看，利用机器手自动检索网页信息的搜索引擎才是真正意义上的搜索引擎。现在的大型网站一般都同时具有搜索引擎和分类目录查询方式，只不过一些网站的搜索引擎技术来自其他提供全文检索的专业搜索引擎。如 Yahoo！拥有自己经营的网站分类目录，而它曾经采用的搜索引擎包括 Inktomi、Google 等公司提供的技术。因此，从用户应用的角度来看，无论通过技术型的搜索引擎，还是人工分类目录型的搜索引擎，都能实现自己查询信息的目的，因此习惯上没有必要严格区分这两个概念，而是通称为搜索引擎。只不过为了网络营销的目的，需要针对不同的搜索引擎采用不同的搜索引擎营销策略，才有必要从概念和原理上给予区分。

（一）搜索引擎的工作原理

搜索引擎的工作原理一般是抓取——数据库——分析搜索请求——计算。排列顺序：①用户搜索；②返回结果；③查看结果；④点击内容；⑤浏览网站；⑥咨询搜索。

（二）搜索引等营销的基本要素

搜索引擎推广之所以能够实现，需要有5个基本要素：①信息源（网页）；②搜索引擎信息索引数据库；③用户的检索行为和检索结果；④用户对检索结果的分析判断；⑤对选中检索结果的点击。

对这些要素及搜索引擎推广信息传递过程的研究和有效实现，就构成了搜索引擎推广的基本任务和内容。其实最主要的还是需要做好用户体验。如百度算法进一步升级,更加重视了用户体验这一块,做好内容,做优质内容,才是王道。

(三)搜索引擎营销的基本过程

1. 企业信息发布在网站上,成为以网页形式存在的信息源(包括企业内部信息源及外部信息源)。
2. 搜索引擎将网站/网页信息收录到索引数据库。
3. 用户利用关键词进行检索(对于分类目录则是逐级目录查询)。
4. 检索结果中罗列相关的索引信息及其链接 URL。
5. 根据用户对检索结果的判断,选择有兴趣的信息,并点击 URL 进入信息源所在网页。
6. 搜索关键词。
7. 看到搜索结果。
8. 点击链接。
9. 浏览企业网站。
10. 实现转化。

(四)搜索引擎营销的特点

1. 使用广泛。
2. 用户主动查询。
3. 获取新客户。
4. 竞争性强。
5. 动态更新,随时调整。
6. 投资回报率高。

(五)搜索引擎营销的标题标签

通过对客户网站进行整站优化,挑选出部分主关键词,配合其他营销方式,使其达到搜索引擎的首页位置,同时提高网站的权重,并带动更多长尾关键词的自然排名的提升。再结合 ppc 竞价,制定出精确的竞价关键词和优秀的创意内容,给公司带来更多的订单。

在网页的优化上,最重要的因素之一,就是网页的标题标签。通常在写标题标签时,应该考虑几个因素。

1. 所有网页都应该有适合自己的独特的 Title 或 Tag。有很多网站都犯了一个很低级的错误,也就是所有网页都用同一个标题。可能设计师在设计网页的时候把整个模板来回复制,所以 HTML 文件里面的标题信息也都被复制过去，没有再被改动。

2. 标题标签应该对用户的需求有足够的吸引力。网页在搜索引擎结果中列出，网页的标题就来自标题标签。

3. 标题标签中应该含有关键词。

三、搜索引擎营销的目标

（一）第一层目标

第一层是搜索引擎的存在层，其目标是，在主要的搜索引擎/分类目录中获得被收录的机会，这是搜索引擎营销的基础。在这一层次，搜索引擎营销的其他目标还不可能实现。

搜索引擎登录包括免费登录、付费登录、搜索引擎关键词广告等形式。

存在层的含义就是让网站中尽可能多的网页获得被搜索引擎收录（而不仅仅是网站首页），也就是增加网页的搜索引擎可见性。

（二）第二层目标

第二层目标是在被搜索引擎收录的基础上，尽可能获得好的排名，即在搜索结果中有良好的表现，因而可称为表现层。

因为用户关心的只是搜索结果中靠前的少量内容，如果利用主要的关键词检索时，网站在搜索结果中的排名靠后，那么还有必要利用关键词广告、竞价广告等形式作为补充手段，来实现这一目标。同样，如果在分类目录中的位置不理想，则需要同时考虑在分类目录中利用付费等方式获得排名靠前。

（三）第三层目标

第三层目标直接表现为网站访问量指标，也就是通过搜索结果点击率的增加来达到提高网站访问量的目的。由于只有受到用户关注，经过用户选择后的信息才可能被点击，因此可称为关注层。

从搜索引擎的实际情况来看，仅仅做到被搜索引擎收录并且在搜索结果中排名靠前，还是不够的，这样并不一定能提高用户的点击率，更不能保证将访问者转化为顾客。要通过搜索引擎营销实现访问量增加的目标，需要从整体上进行网站优化设计，并充分利用关键词广告等有价值的搜索引擎营销专业服务。

（四）第四层目标

第四层目标，即通过访问量的增加转化为企业最终实现收益的提高，可称为转化层。

转化层是前面三层目标的进一步提升,是各种搜索引擎方法所实现效果的集中体现,但并不是搜索引擎营销的直接效果。

从各种搜索引擎策略到产生收益,其间的中间效果表现为网站访问量的增加。网站的收益是由访问量转化所形成的,从访问量转化为收益则是由网站的功能、服务、产品等多种因素共同作用而决定的。因此,第四层目标在搜索引擎营销中属于战略层次的目标。其他三层的目标则属于策略范畴,具有可操作性和可控制性,实现这些基本目标是搜索引擎营销的主要任务。

搜索引擎营销追求最高的性价比,以最小的投入,获得最大的来自搜索引擎的访问量,并产生商业价值。用户检索信息所使用的关键词,反映出用户对该问题(产品)的关注,这种关注是搜索引擎之所以被应用于网络营销的根本原因。

四、搜索引擎营销的发展

搜索引擎营销的最主要工作是扩大搜索引擎在营销业务中的比重,通过对网站进行搜索优化,更多地挖掘企业的潜在客户,帮助企业实现更高的转化率。

目前,搜索引擎营销被越来越多的企业所接受并认可,同时品牌企业开始加大对搜索引擎营销的投入。现状表明,投入搜索引擎营销的企业,两极分化越来越严重。

(一)搜索引擎营销方法与企业网站密不可分

一般来说,搜索引擎营销作为网站推广的常用方法,在没有建立网站的情况下很少被采用(有时也可以用来推广网上商店、企业黄页等)。搜索引擎营销需要以企业网站为基础,企业网站设计的专业性,会对网络营销的效果产生直接影响。

(二)搜索引擎传递的信息只发挥向导作用

搜索引擎检索出来的是网页信息的索引,一般只是某个网站/网页的简要介绍,或者是搜索引擎自动抓取的部分内容,而不是网页的全部内容,因此,这些搜索结果只能发挥一个"引子"的作用,如何尽可能好地将有吸引力的索引内容展现给用户,是否能吸引用户根据这些简单的信息进入相应的网页继续获取信息,以及该网站/网页是否可以给用户提供他所期望的信息,这些都是搜索引擎营销所需要研究的主要内容。

（三）搜索引擎营销是用户主寻的网络营销方式

没有哪个企业或网站可以强迫或诱导用户的信息检索行为，使用什么搜索引擎，通过搜索引擎检索什么信息，完全是由用户自己决定的，在搜索结果中点击哪些网页，也取决于用户的判断。因此，搜索引擎营销是由用户所主导的，最大限度地减少了营销活动对用户的滋扰，最符合网络营销的基本思想。

（四）搜索引擎营销可以实现较高程度的定位

网络营销的主要特点之一，就是可以对用户行为进行准确分析，并实现高程度定位。搜索引擎营销在用户定位方面具有更好的功能，尤其是在搜索结果页面的关键词广告，完全可以实现与用户检索所使用的关键词高度相关，从而提高营销信息被关注的程度，最终达到增强网络营销效果的目的。

（五）搜索引擎营销的效果表现为网站访问量的增加而不是直接销售

了解这个特点很重要，因为搜索引擎营销的使命就是获得访问量，因此，被作为网站推广的主要手段。至于访问量是否可以最终转化为收益，不是搜索引擎营销可以决定的。这说明，提高网站的访问量是网络营销的主要内容，但不是全部内容。

（六）搜索引擎营销需要适应网络服务环境的发展变化

搜索引擎营销是搜索引擎服务在网络营销中的具体应用，因此，在应用方式上依赖于搜索引擎的工作原理、提供的服务模式等，当搜索引擎检索方式和服务模式发生变化时，搜索引擎营销方法也应随之变化。因此，搜索引擎营销方法具有一定的阶段性，与网络营销服务环境的协调，是搜索引擎营销的基本要求。

从搜索引擎的发展历程及不同搜索引擎的特点中可以发现，搜索引擎无论从技术上，还是在服务方式上都在不断发展变化，这种变化也将直接影响搜索引擎营销的基本思想和操作方法。因此，充分了解搜索引擎的发展趋势及其对网络营销的影响是网络营销学习和研究的基本内容之一，也是有效地应用搜索引擎这一网络营销基本工具的必然要求。

从网络营销应用的角度来看，搜索引擎的发展趋势表现在下列五个方面：

1. 搜索引擎的品牌优势更为显著

随着搜索引擎领域竞争的加剧，实力弱小的公司逐渐被淘汰，或者被强势品牌企业所并购，搜索引擎领域的行业集中优势比较显著，90%以上的用户集中于少数几个知名搜索引擎。优势品牌搜索引擎的基本特征是收集网页数量多、反馈信息准确程度高，并且能满足用户的个性化需求。尤其在国内，这种状况更为明显。由于搜索引擎数量本身就比较少，随着上网用户的迅速增加，少数领先的搜索引擎占有较大的市场份额，企业在开展搜索引擎营销时，目标也主要集中于这些拥有较多用户的搜索引擎。

2. 搜索引擎营销模式趋于多样化

早期的搜索引擎营销主要依靠搜索引擎的免费服务，如登录分类目录，以及通过网页 META（无信息）标签的优化设计达到在搜索引擎中获得好的排名的目的。但随着搜索引擎技术的发展以及本身业务的需要，现在的搜索引擎已经很少有专门依据 META 标签的内容来收集网页资料，而免费登录的分类目录也逐渐向付费方式发展，因此，搜索引擎营销的方式也发生了较大变化。除了继续采用免费的搜索引擎优化以获得部分免费搜索引擎的检索机会之外，还可以采用各种付费的搜索引擎服务，如付费登录的分类目录、关键词广告、竞价排名等。

3. 分行业、分地区的垂直搜索引擎服务

随着互联网上信息量不断增加，综合性的搜索引擎在检索某些类别的信息时显得不够准确，而仅在某个领域或者某个地区开展业务的企业在利用搜索引擎的付费服务时会感觉服务被浪费了，因此分类搜索和按地区搜索的服务将在一定时期内有其发展的空间。

4. 多元搜索、专业搜索值得关注

尽管多元搜索引擎目前的效果还不够理想，但由于这种整合互联网资源的理念与互联网发展的方向是一致的，整合的搜索资源相对于单个独立的搜索引擎来说，有其独特的价值。随着技术的不断完善和用户数量的增长，多元搜索引擎也将在网络营销中发挥其应有的作用。而对于诸如比较购物等专业搜索引擎，已经表现出旺盛的生命力，对于专业搜索引擎的网络营销应用也应给予一定的重视。

5. 搜索引擎技术仍然在不断发展中

虽然目前的搜索引擎为用户利用互联网资源发挥了重要作用，但搜索引擎并没有解决网络资源检索的所有问题，即使在网页内容数量方面也仍然存在很多问题。有研究表明，目前即使最强大的搜索引擎，也只能收录所有网页资料的 20% 以内，大量的网页（如没有经过针对性处理的动态网页，或者没有被其他网站链接的网页等）信息仍然无法被通常的搜索引擎所检索；在被检索到的信息中，也存在信息的相关性、可信性等无法满足用户期望的问题，因此搜索引擎技术必然会不断发展。

相应地,搜索引擎营销方法也需要随之发展。

五、如何进行搜索引擎营销

(一)竞价排名

竞价排名,顾名思义,就是网站付费后才能被搜索引擎收录并使排名靠前,付费越高者可能排名越靠前。

竞价排名服务,是由客户为自己的网页购买关键词排名,按点击计费的一种服务。客户可以通过调整每次点击付费价格,控制自己在特定关键词搜索结果中的排名,并可以通过设定不同的关键词捕捉不同类型的目标访问者。

国内最流行的点击付费搜索引擎主要有百度等。值得一提的是,即使做了PPC (Pay Per Click,按照点击收费)付费广告和竞价排名,最好也要对网站进行搜索引擎优化设计,并将网站发布到各大免费的搜索引擎中。

购买关键词广告,即在搜索结果页面显示广告内容,实现高级定位投放,用户可以根据需要更换关键词,相当于在不同页面轮换投放广告。

(二)定价提名

定价提名是基于DataEX架构、FIBI架构和Paas架构的云计算等技术,集效果和推广成本,排名和转化率多重优势于一体的互联网搜索引擎营销的全新解决方案。

DataEX架构能实现多个系统数据的无缝连接和实时交换,FIBI架构能实现全网搜索引擎的物理算法分析,Paas架构的云计算则能充分保障海量访问检索的需求。所以,与传统的SEO不同,定价提名是互联网SEM(搜索引擎营销)领域将技术产品化、服务化的全新解决方案。

(三)做好搜索引等营销的八大环节

1. 选择搜索引擎营销的策略。
2. 确定搜索引擎目标。
3. 确定关键词计划。
4. 管理竞价。
5. 优化网站内容。
6. 确定标准。
7. 搜索引擎营销工具。
8. 报告标准评测的结果。

（四）搜索引等营销的步骤

第一步：了解产品/服务针对哪些用户群体。例如：25—35岁的男性群体；规模在50—100人的贸易行业企业。

第二步：了解目标群体的搜索习惯，即目标群体习惯使用什么关键词搜索目标产品。

第三步：了解目标群体经常会访问哪些类型的网站。

第四步：分析目标用户最关注产品的哪些特性，即影响用户购买的主要特性，例如品牌、价格、性能、可扩展性、服务优势等等。

第五步：竞价广告账户及广告组规划。创建谷歌及百度的广告系列及广告组；需要考虑管理的便捷，以及广告文案与广告组下关键词的相关性。

第六步：相关关键词的选择。我们可以借助谷歌关键词分析工具，以及百度竞价后台的关键词分析工具，这些工具都是以用户搜索数据为基础的，具有很高的参考价值。

第七步：撰写有吸引力的广告文案。

第八步：内容网络广告投放。第九步：目标广告页面的设计。

第十步：基于KPI的广告效果转换评估。

（五）如何提高转化率

1. 网站曝光

就运用搜索引擎营销加大网站曝光度而言，不论自然排序的网站优化或竞价排名都各有其优势，企业网站要掌握两者间的不同，对关键词的挖掘、竞价广告的管理、网站优化的技巧等等，都会影响到网站曝光之后带来的目标客户或潜在客户的有效浏览量。

2. 营销动线

企业通过网站曝光做了推广后，不见得就一定会产生购买行为。在网站建设之始是否考虑了网站营销动线的规划方便无障碍，明显有吸引力地引导消费者，让消费者进入网站能够交易，不交易的消费者愿意留下个人信息，不留下信息的消费者还记得下次再回来，就是网站营销动线规划所需要思考的方向。

3. 营销策略

营销策略的制定，会影响到网站曝光的运用与营销动线的规划，例如一个企业进入互联网，到底是要做B2C还是B2B，关键词的选用就有所不同了，网站动线呈现的焦点项目也不同。不少企业网站总想一鱼两吃，反而无论哪一吃都搞得难以下咽，问题常常是企业主本身对网络营销的认识有误区，做了不适当的营销策略。一直以来总强调企业主或是高管一定要花点时间学习并了解一下互联网,这样定出来的营销策略在被有效并正确的执行后,在提高网站的实质效益上,将能看到明显效果。

第三节 电子邮件营销

电子邮件营销(E-mail Direct Marketing,EDM),是在用户事先许可的前提下,通过电子邮件的方式向目标用户传递价值信息的一种网络营销手段。

电子邮件营销有三个基本因素:用户许可、电子邮件传递信息、信息对用户有价值。三个因素缺少一个,都不能称为有效的电子邮件营销。

可见,开展电子邮件营销需要一定的基础条件,尤其是内部列表电子邮件营销,是网络营销的一项长期任务,在许可营销的实践中,企业最关心的问题是:许可电子邮件营销是怎么实现的呢?获得用户许可的方式有很多,如用户为获得某些服务而注册为会员,或者用户主动订阅的新闻邮件、电子刊物等,也就是说,许可营销是以向用户提供一定有价值的信息或服务为前提。开展电子邮件营销需要解决三个基本问题:向哪些用户发送电子邮件,发送什么内容的电子邮件以及如何发送这些邮件。

这里将三个基本问题进一步归纳为电子邮件营销的三大基础:

1. 电子邮件营销的技术基础

从技术上保证用户加入、推出邮件列表,并实现对用户资料的管理以及邮件发送和效果跟踪功能。

2. 用户的电子邮件地址资源

在用户自愿加入邮件列表的前提下,获得足够多的用户电子邮件地址资源,是电子邮件营销发挥作用的必要条件。

3. 电子邮件营销的内容

营销信息是通过电子邮件向用户发送的,邮件的内容对用户有价值才能引起用户的关注,有效的内容设计是电子邮件营销发挥作用的基本前提。当这些基础条件具备之后,才能开展真正意义上的电子邮件营销,电子邮件营销的效果才能逐步表现出来。

电子邮件营销是利用电子邮件与受众客户进行商业交流的一种直销方式,同时也广泛地应用于网络营销领域。电子邮件营销是网络营销手法中最古老的一种,可以说,电子邮件营销比绝大部分网站推广和网络营销手法都要老。

电子邮件营销是一个广泛的定义,凡是给潜在客户或客户发送电子邮件,都可以被看作电子邮件营销。然而,电子邮件营销这个术语也通常涉及以下几个方面：

（1）以加强与商人和目标客户的合作关系为目的发送邮件，从而鼓励客户忠实于他或者重复交易。

（2）以获得新客户和使老客户立即重复购买为目的发送邮件。

（3）在发送给自己客户的邮件中添加其他公司或者本公司的广告。

（4）通过互联网发送电子邮件。

电子邮件是在20世纪70年代发明的，但在80年代才得以兴起。在70年代沉寂主要是由于当时使用Arpanet网络的人太少，网速也仅为56KBPS标准速度的二十分之一。受网速的限制，那时的用户只能发送些简短的信息，根本无法像现在这样发送大量照片；到80年代中期，个人电脑兴起，电子邮件开始在电脑迷及大学生中广泛传播开来；到90年代中期，互联网浏览器诞生，全球网民人数激增，电子邮件才被广为使用。

一、电子邮件营销的特点

电子邮件营销具有六大特点：

1. 范围

随着国际互联网的迅猛发展，中国的网民规模至2015年底已达6.88亿。面对如此巨大的用户群，作为现代广告宣传手段的电子邮件营销，受到人们的广泛重视。只要你拥有足够多的E-mail地址，就可以在很短的时间内，向数千万目标用户发布广告信息，营销范围可以是中国全境乃至全球。

2. 操作简单，效率高

使用某种专业邮件群发软件，单机可实现每天数百万封的发信速度。操作不需要懂得高深的计算机知识，不需要烦琐的制作及发送过程，发送上亿封的广告邮件一般几个工作日内便可完成。

3. 成本低廉

电子邮件营销是一种低成本的营销方式，所有的费用支出就是上网费，成本比传统广告形式要低得多。

4. 应用范围广

电子邮件营销中的广告内容不受限制，适合各行各业。因为广告的载体就是电子邮件，所以具有信息量大、保存期长的特点，具有长期的宣传效果，而且收藏和传阅非常简单方便。

5. 针对性强，反馈率高

电子邮件本身具有定向性，你可以针对某一特定的人群发送特定的广告邮件，也可以根据需要按行业或地域等进行分类，然后针对目标客户进行广告邮件群发，使宣传一步到位，这样做可使营销目标明确，效果非常好。

6. 精准度高

由于电子邮件是点对点传播，所以，通过它，我们可以实现非常有针对性、高精准的传播，比如我们可以针对某一特点的人群发送特定邮件，也可以根据需要按行业、地域等进行分类，然后针对目标客户进行邮件群发，使宣传一步到位。

二、电子邮件营销的分类

（一）按照是否经过用户许可分类

按照发送信息是否事先经用户许可划分，可将电子邮件营销分为经许可的电子邮件营销（Permission E-mail Marketing，PEM）和未经许可的电子邮件营销（Unsolicited Commercial E-mail，UCE）。未经许可的电子邮件即通常所说的垃圾邮件。

（二）按照E-mail地址资源的所有权分类

潜在用户的E-mail地址是企业重要的营销资源，根据用户E-mail地址资源的所有权形式，可将电子邮件营销分为内部电子邮件营销和外部电子邮件营销，或者简称为内部列表和外部列表。

内部列表是一个企业、网站利用一定方式获得用户自愿注册的资料来开展的电子邮件营销；外部列表也被称为E-mail广告，是指利用专业服务商或具有与专业服务商一样可以提供专业服务的机构提供的电子邮件营销服务，自己并不拥有用户的E-mail地址资料，也无须管理和维护这些用户资料。

（三）按照营销计划分类

根据企业的营销计划，可分为临时性的电子邮件营销和长期的电子邮件营销。

临时性的电子邮件营销，如不定期的产品促销、市场调研、节假日问候、新产品通知等；长期的电子邮件营销，通常以企业内部注册会员资料为基础，主要表现为新闻邮件、电子杂志、顾客服务等各种形式的邮件列表。

（四）按照电子邮件营销的功能分类

根据电子邮件营销的功能，可分为顾客关系电子邮件营销、顾客服务电子邮件营销、在线调查电子邮件营销、产品促销电子邮件营销等。

（五）按照电子邮件营销的应用方式分类

按照是否将电子邮件营销资源用于为其他企业提供服务，电子邮件营销分为经营性和非经营性两类。

三、电子邮件在网络营销中的作用

电子邮件是一个基本的互联网通信工具，几乎应用于网络营销中的各个方面，主要功能在于信息收集、传递和交流。因此，在网络营销活动中，为了向用户提供信息和服务，往往需要用户在线注册个人信息。在个人信息项目中，电子邮件地址是最重要的内容之一，因为电子邮件是最有效、最直接、成本最低的信息传递工具。拥有用户的电子邮件地址对企业开展网络营销具有至关重要的意义。

电子邮件在网络营销中的作用主要表现在下列八个方面。

（一）企业品牌形象

一封完整的电子邮件的基本组成要素包括发件人的电子邮件地址、收件人电子邮件，地址、邮件主题和邮件内容等。在商务活动中，发件人的电子邮件地址对于企业形象和用户的信任具有重要影响。对于陌生的邮件发信人，如果发信人使用的是知名企业或者机构的域名为后缀的电子邮件地址，往往会受到收件人的重视。即使对于一些未经许可的商业邮件，一般也不会被认为是垃圾邮件。而对于使用免费邮箱的发件人，受到信任的程度将大大降低，甚至会被作为垃圾邮件直接删除。这个简单的现象说明了一个重要事实：电子邮件地址本身代表了企业的品牌形象，因此通过电子邮件传递营销信息时，在信息源的设置与信息的传递中，应注意与企业品牌相适应。

（二）在线顾客服务

在企业网站公布的联系方式以及在线帮助信息中，电子邮件地址都是必不可少的一项内容，因为电子邮件是在线顾客服务的重要工具之一。通过电子邮件开展顾客服务，不仅节约了顾客服务成本，还在增进顾客关系、提高顾客服务质量、增加顾客忠诚度等方面具有重要作用。在线顾客服务除了一般的回复顾客咨询之外，常见的形式还有自动回复、常见问题解答、重要信息提醒等。

（三）会员通信与电子刊物

会员通信与电子刊物都是电子邮件营销中获得用户许可的基本方法，是许可电子邮件营销中内部列表电子邮件营销的主要方式。企业为了获得某些信息和服务，用户可以自愿成为会员通信与电子刊物的订阅者。当用户不再需要这些信息时，可以随时退出。用户自愿加入这种邮件列表中，为企业提供了通过电子邮件向用户传递有价值信息的基础条件。这种内部列表已成为电子商务企业以及其他信息化程度较高的企业开展顾客服务、增强竞争优势的有力工具之一。

（四）电子邮件广告

电子邮件广告，即通过专业服务商投放广告信息的一种方式，是企业利用网络营销服务商的用户电子邮件地址资源来开展电子邮件营销活动，即本书后面将要介绍的外部列表电子邮件营销，或者简称电子邮件营销。这种网络营销方式由于操作简便、形式灵活、用户定位程度高而受到认可。调查表明，电子邮件广告是用户反馈率最高的网络广告形式之一，远远高于一般的标志广告和文字广告、分类广告等形式。

（五）网站推广

电子邮件在网站推广活动中也发挥着不可忽视的作用，是除了搜索引擎、资源合作、网络广告等常见网站推广方法之外又一重要的网站推广手段。与搜索引擎相比，电子邮件在网站推广中有自己独特的优点：网站被搜索引擎收录之后，只能被动地等待用户去检索并发现自己的网站。而通过电子邮件则可以主动向用户推广网站，并且推荐方式比较灵活，既可以是简单的广告，也可以通过新闻报道、案例分析等方式出现在邮件的内容中，以引起读者的兴趣，达到增加网站访问量的目的。在网站推广方法中，病毒式营销是有效的方法之一，电子邮件是病毒式营销信息的主要载体。

（六）产品/服务推广

产品/服务推广是许可电子邮件营销的基本功能之一，无论是通过企业内部的邮件列表，如会员通信和电子刊物等，还是通过服务商的用户电子邮件地址资源投放电子邮件广告，都可以将产品促销信息通过合理的设计，作为邮件的内容来向目标用户发送，从而达到产品推广的目的。

（七）收集市场信息

市场营销策略的制定离不开各种市场信息的收集，利用电子邮件可以获得许多有价值的第一手调查资料，如行业发展动态、调查统计资料、市场供求信息等。通过合理利用电子邮件，甚至可以密切跟踪竞争者的市场动向。这些有价值的信息，通常还可以免费获取。例如，可以通过加入相关的邮件列表、注册为有关网站的会员、参与在线调查、论坛等网上交流活动而实现收集市场信息的目的。一些网站为了维持与用户的关系，常常将一些有价值的信息以新闻邮件、电子刊物等形式免费向用户发送，通常只要进行简单的登记即可加入邮件列表。例如各大电子商务网站初步整理的市场供求信息、各种调查报告等，将收到的邮件列表信息定期处理是一种行之有效的资料收集方法。

（八）在线市场调查

利用电子邮件开展在线调查是网络市场调研中的常用方法之一，具有问卷投放和回收周期短、成本低廉、调查活动较为隐蔽等优点。在获取了被调查对象的电子邮件地址信息后，可以通过电子邮件发送在线调查问卷。同传统调查中的邮寄调查表的道理一样，将设计好的调查表直接发送到被调查者的邮箱中，或者在电子邮件正文中给出一个网址链接到在线调查表页面，这种方式可以节约被访问者的时间，在一定程度上也可以对不同的用户群体加以选择。如果调查对象选择适当且调查表设计合理，往往可以获得相对较高的问卷回收率。

四、电子邮件营销的条件与要素

（一）电子邮件营销的条件

以下三个问题构成了电子邮件营销的三大基础条件：

（1）How——邮件列表的技术基础：从技术上保证用户加入、退出邮件列表，并实现对用户资料的管理，以及邮件发送和效果跟踪等功能。

（2）Whom——用户 E-mail 地址资源的获取：在用户自愿加入邮件列表的前提下，获得足够多的用户 E-mail 地址资源，是电子邮件营销发挥作用的必要条件。

（3）What——邮件列表的内容：营销信息是通过电子邮件向用户发送的，邮件的内容对用户有价值才能引起用户的关注，有效的内容设计是电子邮件营销发挥作用的基本前提。

（二）电子邮件营销的要素

电子邮件营销成功有五个要素：①明确电子邮件营销的目标；②使用合适的沟通策略；③明确目标客户；④设计有吸引力的电子邮件；⑤分析效果，不断尝试和学习。

五、电子邮件营销的技巧

电子邮件营销已经被广泛应用,但并不是每个人都用得那么好。电子邮件营销是有技巧的,想要做好并抓住客户,还应该注意很多的问题和细节,以及知道如何把客户细分,把握黄金客户。

(一)不要不分时间段狂轰滥炸地发送邮件

在正式群发邮件之前,可以先测试一下每隔多长时间发送效果最好。例如,网店站长可以测试在不同的时间段(一周、两周、三周等)给用户发送邮件,试验哪个时间段间隔用户的点击率最高,然后在实际操作时就采用这样的发送频率,效果远好于不经思考乱发一通。

(二)分众发送邮件

通过以往发送邮件的经验,测试哪些用户对哪种促销最感兴趣,再适当地调整电子邮件营销策略。如果面对的是那些喜欢购买物美价廉商品的消费者,那么你一味地给他们发奢侈品的广告无疑是事倍功半的。

可以给阅读邮件的用户群再分类:狂热支持的和一般喜欢的。

对于几乎阅读了大部分邮件的受众,可以给他们发送最有利润的产品广告;对稍感兴趣的用户,可以发送利润稍低一点的产品和服务;对于几乎不感兴趣的受众,也还是要定期发送邮件,争取拉拢一点客户过来。这样做,才能让 E-mail 群发的转化率最大化。

在发送测试邮件时,可以放入不同档次的产品并附上跟踪链接,以追踪点击用户。

(三)抓住 20% 的黄金用户

虽然理论上对用户群分类得越细,电子邮件营销的效果也就越好。但分得越细,付出的精力也就越大,还得为每种用户设计不同的登录页和欢迎邮件,实在是让人崩溃。

其实,经过长时间的分析和实验,电子邮件营销也有二八定律,大部分收件人对不同的广告其实反应都差不多,只有 20% 的用户才会对定制的邮件反应敏感。因此,不用特别花精力在设计独特的邮件上面,监测用户的点击率,抓住 20% 的黄金人群,会对下一步的策略调整起重要的作用。

(四)邮件未经测试不要轻易发出

邮件的设计最好是简洁明了、开门见山,另外得仔细检查邮件内容,如果有图像,要确保打开邮件时图像可以显示,如果有链接,要确保是已经加了超链接的格式。

（五）保证邮件的到达率

鉴于全球严峻的反垃圾邮件趋势，很多正常邮件也会被错杀。要和业界领先的 E-mail 服务商合作，确保绝大多数用户能够收到你的邮件。

（六）设计有价值的邮件内容

发送的邮件应尽量做到有价值，内容对用户有意义，让用户看后不觉得后悔，所以，标题、首段、正文每个地方都要再三斟酌，这样做是会看到效果的。

（七）不要丢弃实践中获得的经验

电子邮件营销只有在不断的优化中才能做好，要不断地积累经验和分析邮件发送的过程，在实践中不断完善、修改，微调邮件营销的策略。

明确营销目的，把握客户动态，精准发送邮件，时间批次适当，页面交互设计，及时交流下单，电子邮件营销才能最有效地达到目的。

六、电子邮件营销的过程

（一）邮件地址的选择

企业要针对其产品来选择 E-mail 的用户，比如一家公司是做儿童用品的，那么选择什么样的 E-mail 用户群合适呢？根据调查，母亲是最关心自己孩子的，所以，可选择锁定女性用户群，而一般有宝宝的女性年龄在 25—35 岁之间，最终锁定年龄在 25—35 岁之间的女性 E-mail 用户。要根据自己公司的产品来定位 E-mail 用户群，才能使宣传率达到最高。

（二）邮件内容的写作

电子邮件营销最重要的也最关键的因素，是 E-mail 的内容。

首先，我们来看看标题怎么样起能够醒目，让人看到标题后就去点击内容。标题是最重要的。如果主题不够吸引人，那么你的目标客户群可能不会去看你的邮件，甚至直接把你的邮件删除。所以，标题要让你的客户群知道这是他关心的内容，要有引人注目的卖点。比如，目标客户群是一些有上进心的人、有创业精神的人时，我们的主题就可以写"财富之路"。当他们看到这个标题后，会不自觉地点击，因为对于有创业精神的人来说，这是他们的渴望。

其次，E-mail 的内容要写得简洁明了，让目标客户一看就知道是做什么的；字数不要太多，一般 200 字以内，要知道目标客户时间宝贵，是不允许我们长篇大论的。

再次，要有夸大的精神。写内容的时候，要尽量去夸大自己的产品，但是不要过头。

要知道网络用户通常是受过高等教育的，若吹得过大，极可能适得其反。

（三）审核邮件的内容

在发送邮件之前一定要把内容审核一下，最好由营销团队的人集体审核，确保准确无误。

（四）邮件的发送

发送电子邮件一定要注意不要将附件作为邮件内容的一部分，而应该使用链接的形式来使客户进入你想让他们看到的网页内容。因为邮件系统会过滤附件，或限制附件大小，以免给客户带去病毒。

另外，还要掌握发信频率。一般情况下，每两周发送一次邮件就是最高频率了。

七、电子邮件营销的注意事项

电子邮件是企业和现有客户沟通的常用渠道之一。

和欧美不同，在国内，电子邮件营销的反应率不一定比直邮好，但是成本低、投递速度快、精准性高、个性化和易操作是许多企业选择使用这个营销渠道的因素。特别是在经济低迷、市场预算紧张的当下，电子邮件营销对许多企业就更加有吸引力了。但是，做好电子邮件营销也并非那么简单，因为便宜而一网打尽式的邮件投放，不仅不能收到理想的投资回报，甚至可能造成收信人的反感。

（一）不要在未经用户允许的情况下发送电子邮件

不尊重用户权利，强制性地将邮件发送到目标者的邮箱，违背了电子邮件营销的基本理念。这样做，一方面，降低了自己电子商务网站的品牌美誉度；另一方面，有可能被加入黑名单，从而将潜在用户拱手让与他人。

对于如何才能获得用户允许，一般包含线上与线下两种方式。线上的方式一般有注册、订阅、促销活动等等；线下的方式有名片交换、展会等等。

（二）邮件的内容要注意精挑细选

邮件内容的可读性，决定着阅读者是否愿意再花费一部分时间去继续阅读自己感兴趣的东西,可以说,邮件的内容决定着邮件营销的成功与否。

因此,作为邮件发送者,企业应该将大部分心思放在整理邮件内容上。邮件的内容一定要千挑万选,一定要是对目标者来说重要的。内容可以涉及商品打折、免费服务的相关信息。

(三)及时回复邮件的评论

一封营销类型的电子邮件发送过去了,我们最期待的便是获得一定的顾客反应率,在一定程度上表现为,或者是进入网站的点击率,或者是邮件的回复率。

对于邮件接收者的反馈,作为电商网站的管理者,一定要及时地回复发件人的疑问或者难题。一个潜在的客户在给你发送了一封关于产品的咨询邮件后,一定会迫不及待地在等待着回复,如果两三天后仍得不到答复,可能此时他已经成为竞争对手的客户了。

(四)附上邮件退订说明

所有电子邮件必须包含有关收件人如何退订或修改首选项的清晰说明。每封电子邮件必须包含一个链接,让收件人可以选择退出接收来自发件人的电邮。通过点击该链接,收件人将自动从邮件列表中移除其 E-mail 地址,并停止接收来自发件人的邮件。

利用营销邮件中退出链接发起的退订请求应立即获得处理,收件人将自动被隔离。如果使用由发件人处理的外部退订链接,要求所有订阅者在 48 小时内做出选择退出的请求。

第四节 网络视频营销

视频营销指的是企业将各种视频短片以各种形式放到互联网上,达到一定宣传目的的营销手段。

视频营销中的视频包含影视广告、网络视频、宣传片、微电影等各种方式。视频营销归根到底是营销活动,因此,成功的视频营销,不仅仅要有高水准的视频制作,更要发掘营销内容的亮点。

网络视频广告的形式类似于电视视频短片,平台却在互联网上。视频与互联网的结合,让这种创新营销形式同时具备了两者的优点。它有电视短片的种种特征,例如感染力强、形式内容多样、创意肆意等等,又有互联网营销的优势。

很多互联网营销公司纷纷推出及重视视频营销这一服务项目，并以其创新形式受到客户的关注。如优拓视频整合行销，就是用视频来进行媒介传递的营销行为，包括视频策划、视频制作、视频传播整个过程。

网络视频营销是把产品或品牌信息植入视频中，产生一种视觉冲击力和表现张力，通过网民的力量实现自传播，达到营销产品或品牌的目的。正因为网络视频营销具有互动性、主动传播性、传播速度快、成本低廉等优势，所以，网络视频营销，实质上是将电视广告与互联网营销两者集于一身。

一、网络视频营销的策略

（一）病毒营销

视频营销的厉害之处在于传播精准，首先会产生兴趣，关注视频，再由关注者变为传播分享者，而被传播对象势必是有着和他一样特征兴趣的人。这一系列的过程就是在目标消费者中精准筛选传播。

网民看到一些经典、有趣、轻松的视频，总是愿意主动去传播。通过受众主动自发地传播企业品牌信息，视频就会带着企业信息，像病毒一样在网上扩散。病毒营销的关键在于企业需要有好的、有价值的视频内容，然后找到一些易感人群或意见领袖帮助传播。

（二）事件营销

事件营销一直是线下活动的热点，国内很多品牌都依靠事件营销取得了成功。其实，策划有影响力的事件，编制一个有意思的故事，将这个事件拍摄成视频，也是一种非常好的方式，而且有事件内容的视频更容易被网民传播，将事件营销思路放到视频营销上，将会开辟出新的营销价值。

（三）整合传播

每一个用户的媒介和互联网接触行为习惯不同，这使得单一的视频传播很难有好的效果。因此，视频营销首先需要在公司的网站上开辟专区，吸引目标客户的关注；其次，也应该跟主流的门户、视频网站合作，提升视频的影响力；再次，对于互联网用户来说，线下活动和线下参与也是重要的一部分，所以通过互联网上的视频营销，整合线下的活动、线下的媒体等进行品牌传播，将会更加有效。

二、网络视频营销的应用

（一）高

高，指的是用高人进行高超技艺表演。因为是高人，由不得你不信。但如果表演的动作太高难度了，太神了，又不自主地被怀疑它的真假。由高人带来的高特技表演，应该让人高兴地观赏，并且乐意与他人分享和谈论。

例如，小罗连续4次击中门柱的神奇视频，就是2005年其为赞助商NIKE拍摄的一段广告，结果在全世界范围内引发了一场激烈的讨论。尽管耐克事后承认该视频是经过处理的，但是并不妨碍这支广告在互联网上的病毒性传播。

（二）炒

古永锵离开搜狐进军视频领域建立优酷网，靠张钰视频一举成名，还获得了1200万美元的融资。其中的关键就是借用张钰对潜规则的炒作。

后来古永锵和他的优酷网又靠张德托夫的《流血的黄色录像》这个很有争议的短篇赚了大把的眼球和人气。仅仅预告片，就有几十万的浏览量，而且片中导演和演员的各种访谈不断出炉，越炒越火。

（三）情

大家熟悉的是恶搞，但还有一种是善搞，以情系人，用情动人。传递一种真情，用祝福游戏的方式快速进行病毒性传播。

例如，有这样的 lash，把一些图片捏合在一起，配上有个性的语言设计，用搞笑另类的祝福方式进行传播。如"新年将至，众男星用尽心思与XXX共度新年"等。只要填上名字，一个漂亮、个性化且具新意的网络祝福就轻松搞定。这种方式可穿插某种产品宣传，效果也不错。

（四）笑

搞笑的视频广告带给人很多欢乐，这样的视频人们会更加愿意去传播。

耐克公司的很多广告，也不乏这种搞笑经典之作，有款葡萄牙和巴西两支球队在入场前对决的广告，当初更是风靡一时。因为这两支世界劲旅都是NIKE旗下的重要赞助球队，它们进行一场友谊赛，在入场仪式开始之前，两队在通道内等候，菲戈从主裁判手中拿过皮球，将球从罗纳尔多两脚之间运过，挑衅地喊出了"Ole"，双方随即开始了一场比赛开始之前的争夺战。随着轻快优美的《Papa Loves Mambo》的歌声，两支球队的巨星开始展现自己出众的个人技术。小罗最后时刻登场，带球进入球场，连续晃过葡萄牙球员,在用最经典的"牛尾巴"过人后,他被主裁判飞铲放倒,比赛才恢复正常秩序。在奏国歌的仪式上,巴西和葡萄牙球员一个个脸上伤痕累累,让人印象深刻。这个广告当时十分流行,NIKE再次完成了一次成功的广告宣传。

（五）恶

使用最普遍的有两个手法:恶俗、恶搞。

1. 恶俗

因为俗,所以招人鄙视,但因为恶俗,所以让人关注。电视广告中常常会出现经典的俗广告,甚至被众多观众扣上恶俗的标签,以至于各种民间的恶俗广告评比讨论层出不穷。但对于一些产品来说,广告的恶俗会造成销量的增长。例如,脑白金广告谁见谁骂,俗不可耐。但中国就是有送礼这个国情,购买者和使用者分离这个特性,加上这个恶俗的广告,使脑白金销量一直不错。若是没有效果,谁会傻到一播就是这么多年。当完成历史使命时史玉柱急流勇退,可谓大智。

2. 恶搞

这个很典型,已经泛滥了。最经典的例子要数胡戈的《一个馒头引发的血案》。《无极》上亿投资获得的效应,胡戈几乎没花钱就获得了相同的影响力,足以让世人见证恶搞的实力。同样,"大鹏嘚吧嘚"的恶搞歪唱,也是备受网友追捧。现今恶搞视频数不胜数,但视频恶搞,也要看恶搞主题与电影片段是否契合,这点,中麒推广做出的《我知三八心》就很不错,原电影中此片段是要刘德华寻找女人的因素,恶搞的主题也与此相同,而且情节动作合情合理,虽然点击率不高,但不失为经典之作。

三、网络视频营销的技巧

（一）内容为本,最大化传播卖点

视频营销的关键在于内容,内容决定了其传播的广度。好的视频自己会长脚,能够不依赖传统媒介渠道,通过自身魅力俘获无数网友作为传播的中转站。

网民看到一些或经典,或有趣,或惊奇的视频总是愿意主动去传播,自发地帮助推广企业品牌信息,获传播的视频就会带着企业的信息在互联网以病毒扩散的方式蔓延。因此,如何找到合适的品牌诉求,并且和视频结合,是企业需要重点思考的问题。

（二）发布后力争上频道首页

视频类网站，比如优酷、土豆等，都分了多个频道，企业视频可以根据自己的内容选择频道发布，力争上频道首页，如果能上大首页则更好，可以让更多网民看到。在推广的时候也要注意标签、关键词的运用，这样利于搜索。

（三）增强视频互动性，提升参与度

网民的创造性是无穷的，与其等待网民被动接收视频信息，不如让网民主动参与到传播的过程中。在社会化媒体时代，网友不仅希望能够自创视频内容，同时也喜欢上传并与他人分享。有效整合其他社交媒体平台，提高视频营销的互动性，可以进一步增强营销的效果。比如视频发布之后，留意网友的评论并开展互动等。

第五节 其他网络营销方式

一、口碑营销

口碑源于传播学，由于被市场营销广泛应用，所以有了口碑营销。

口碑营销是指企业在品牌建立过程中，通过客户间的相互交流，将自己的产品信息或者品牌传播开来。

口碑营销又称病毒式营销，其核心内容就是能"感染"目标受众的病毒体事件。病毒体威力的强弱则直接影响营销传播的效果。

在今天这个信息爆炸、媒体泛滥的时代里，消费者对广告甚至新闻，都具有极强的免疫力，只有制造新颖的口碑传播内容，才能吸引大众的关注与议论。

张瑞敏砸冰箱事件在当时是一个引起大众热议的话题，海尔由此获得了广泛的传播与极高的赞誉，可之后又传出其他企业的类似行为，就几乎没人再关注，因为大家只对新奇、偶发、第一次发生的事情感兴趣，所以，口碑营销的内容要新颖奇特。

（一）口碑营销的特征

口碑是目标，营销是手段，产品是基石。但事实上，"口碑营销"一词的走俏来源于网络，其产生背景是博客、论坛这类互动型网络应用的普及，并逐渐成为各大网站流量最大的频道，甚至超过了新闻频道的流量。

1. 产品定位

很多营销人员希望口碑营销能够超越传统营销方法，但如果营销的产品消费者不喜欢，很容易产生负面的口碑效果，结果不但没有起到促进作用，甚至导致产品提前退出市场。

2. 传播因子

传播因子具有很强的持续性、故事性，能够吸引消费者的持续关注，并且容易引申和扩散。

3. 传播渠道

营销模型决定着传播渠道。传播渠道的选择主要由产品目标用户群特征决定，除了传统媒体和网络媒体，最具有影响力和最适合口碑营销的渠道是博客、论坛和人际交互。

口碑传播中一个最重要的特征就是可信度高，因为在一般情况下，口碑传播都发生在朋友、亲戚、同事、同学等关系较为密切的群体之间，在口碑传播过程之前，他们之间已经建立了一种长期稳定的关系。相对于纯粹的广告、促销、公关、商家推荐、家装公司推荐等等而言，口碑自然可信度要更高。

（二）口碑营销的要素

1. 谈论者

谈论者是口碑营销的起点。开展口碑营销，首先需要考虑谁会主动谈论你。是产品的粉丝？用户？媒体？员工？供应商？经销商？这一环节涉及的是人的问题，即角色设置。

口碑营销往往都是以产品使用者的角色来发起，以产品试用者为代表。其实，如果将产品放在一个稍微宏观的营销环境中，还有很多角色能成为口碑营销的起点。企业员工口碑和经销商口碑的建立同样不容忽视。

2. 话题

话题，就是给人们一个谈论的理由，可以是产品、价格、外观、活动、代言人等等。其实，口碑营销就是一个炒作和寻找话题的过程，总要发现一点合乎情理又出人意料的噱头让人们尤其是潜在的用户来说三道四。对于话题的发现，营销教科书中已经有很多提示，类似 4P、4C、7S 都可以拿来做分析和发现的工具。方法的东西大家能学到，关乎效果的却是编剧的能力，讲故事的水平。

3. 工具

工具，关系到如何帮助信息更快地传播，包括网站广告、病毒邮件、博客、bbs 等等。

网络营销给人感觉最具技术含量的环节也是在这一部分，不仅需要对不同渠道的传播特点有全面的把握，而且广告投放的经验对工具的选择和效果的评估起到很大的影响。此外，信息的监测也是一个重要的环节，从最早的网站访问来路分析，到如今兴起的舆情监测，口碑营销的价值越来越需要一些定量数据的支撑。

4. 参与

这里的参与是指"参与到人们关心的话题讨论中"，也就是鼓动企业主动参与到热点话题的讨论中。其实网络中从来不稀缺话题，关键在于如何寻找到与产品价值和企业理念相契合的接触点，也就是接触点传播。就如汶川贩灾事件中，王石和王老吉都算是口碑事件的参与者，但结果却截然相反。

5. 跟踪

如何发现评论，寻找客户的声音？这是一个事后监测的环节，很多公司和软件都开始提供这方面的服务。相信借助于这些工具，很容易发现一些反馈和意见。但更为关键的是，知道人们已经在谈论你或者他们马上准备谈论你，你会怎么办？参与他们的话题讨论，还是试图引导讨论？抑或置之不理？

（三）口碑营销的注意事项

1. 注意细节

影响消费者口碑的，有时不是产品的主体，而是一些不太引人注目的"零部件"等，如西服的纽扣、家电的按钮、维修服务的一句话等等，这些"微不足道"的错误，却能够引起消费者的反感。更重要的是这些反感品牌企业却不易听到，难以迅速彻底改进，往往是发现销量大幅减少，却不知道根源究竟在哪里。据专业市场研究公司调查得出的结论，只有4%的不满顾客会对厂商提出他们的抱怨，却有80%的不满顾客会对自己的朋友和亲属谈起某次不愉快的经历。

在纽约梅瑞公司的购物大厅，设有一个很大的咨询台。这个咨询台的主要职能是为来公司没购到物的顾客服务的。如果哪位顾客到梅瑞公司没有买到自己想要买的商品，咨询台的服务员就会指引你去另一家有这种商品的商店去购买。梅瑞公司的做法，本不足道，却是看得见、摸得着的细节，被人们津津乐道，对它的记忆也极为深刻。不仅赢得竞争对手的信任和敬佩，而且使顾客对梅瑞公司产生了亲近感，每当需要购物时总是往梅瑞公司跑，慕名而来的顾客也不断增多，梅瑞公司因此生意兴隆。

2. 服务周到

（1）提供有价值的产品或服务，制造传播点。企业首先必须能提供一定的产品或服务，这样才能开展口碑营销，要根据所提供的产品或服务，提炼一个传播点。

（2）采用简单快速的传播方法。找到传播点，要巧妙地进行包装并传播，要简单、方便、利于传播。

（3）找到并赢得意见领袖，并重视和引导意见领袖。

（4）搭建用户沟通平台和渠道，比如社会化媒体、评论类媒体、在线客服等等。要建立广泛的、快捷的沟通渠道，方便客户表达意见。

（四）口碑营销的八大要诀

（1）口碑传播要提供能与目标顾客的心理形成共鸣的材料。

（2）使顾客升级为口碑传播大使。

（3）口碑传播需要耐心地长期推进，因此要做好心理准备。

（4）进行口碑传播，要让客户对商品或服务进行亲身体验。

（5）最大限度地运用可以诱发口碑传播的宣传工具。

（6）将产生口碑传播的接触点作为焦点。

（7）理解口碑传播的特征，并将口碑传播与其他的营销活动加以综合运用。

（8）在实行口碑传播的时候，首先要明确"商品力"。

二、事件营销

事件营销在英文里叫作 Event Marketing，国内有人直译为"事件营销"或"活动营销"。它是指企业通过策划、组织和利用具有新闻价值、社会影响及名人效应的人物或事件，吸引媒体、社会团体和消费者的兴趣与关注，以求提高企业或产品的知名度、美誉度，树立良好品牌形象，并最终促成产品或服务的销售的手段和方式。

简单地说，事件营销就是通过把握新闻的规律，制造具有新闻价值的事件，并通过具体的操作，让这一新闻事件得以传播，从而达到广告的效果。

事件营销是国内外十分流行的一种公关传播与市场推广手段，集新闻效应、广告效应、公共关系、形象传播、客户关系于一体，并为新产品推介、品牌展示创造机会，建立品牌识别和品牌定位，形成一种快速提升品牌知名度与美誉度的营销手段。

20世纪90年代后期，互联网的飞速发展给事件营销带来了巨大契机。通过网络，一个事件或者一个话题可以更轻松地进行传播和引起关注，成功的事件营销案例开始大量出现。

（一）事件营销的特点

1. 目的性

事件营销应该有明确的目的，这一点与广告的目的性是完全一致的。事件营销策划的第一步就是要确定自己的目的，然后明确通过什么样的新闻可以让新闻的接受者达到自己的目的。

通常某一领域的新闻只会有特定的媒体感兴趣，并最终进行报道。而这个媒体的读者群也是相对固定的。

2. 风险性

事件营销的风险来自媒体的不可控制和新闻接受者对新闻的理解程度。例如，制造虚假事件进行事件营销，虽然企业的知名度扩大了，但一旦市民得知事情的真相，很可能会对该公司产生一定的反感情绪，从而最终伤害到该公司的利益。

3. 成本低

事件营销主要通过软文形式来表现，从而达到传播的目的，所以，事件营销相对于平面媒体广告来说，成本要低得多。

事件营销最重要的特性是利用现有的非常完善的新闻机器，来达到传播的目的。由于所有新闻都是免费的，在其制作过程中也是应该没有利益倾向的，所以，制作新闻不需要花钱。

事件营销应该归为企业的公关行为而非广告行为。虽然绝大多数企业在进行公关活动时会列出媒体预算，但从严格意义上来讲，一件新闻意义足够大的公关事件，应该充分引起新闻媒体的关注和采访的欲望。

4. 多样性

事件营销是国内外十分流行的一种公关传播与市场推广手段，它具有多样性，可以集新闻效应、广告效应、公共关系、形象传播、客户关系于一体来进行营销策划。多样性的事件营销已成为营销传播过程中的一把利器。

5. 新颖性

大多数受众对新奇、反常、变态的事件感兴趣，事件营销往往是通过当下的热点事件来进行营销，就是拿当下最热的事情来展现给客户，因此，它不像许多过剩的宣传垃圾广告一样，让用户觉得很反感，毕竟创意广告不多，而像"恒源祥"那样的烂广告则太多了。事件营销更多地体现它的新颖性，吸引用户点击。

6. 效果明显

一般通过一个事件营销就可以聚集到很多用户一起讨论这个事件，然后很多门户网站都会进行转载，效果显而易见。

7. 求真务实

网络把传播主题与受众之间的信息不平衡彻底打破，所以，事件营销，不是恶意炒作，必须首先做到实事求是，不弄虚作假，这是对企业网络事件营销最基本的要求。这里既包括事件策划本身要"真"，还包括由事件衍生的网络传播也要"真"。

8. 以善为本

所谓以善为本，就是要求事件的策划和网络传播都要做到自觉维护公众利益，勇于承担社会责任。

随着市场竞争越来越激烈，企业的营销管理也不断走向成熟，企业在推广品牌时策划事件营销就必须走出以"私利"为中心的误区，不但要强调与公众的"互利"，更要维护社会的"公利"。自觉考虑、维护社会公众利益也应该成为现代网络事件营销的一个基本信念。而营销实践也证明，自觉维护社会公众利益，更有利于企业实现目标；反之，如果企业只是一味追求一己私利，反倒要投入更多的精力和财力去应付本来可以避免的麻烦和障碍。

9. 力求完美

所谓完美，就是要求网络事件策划要注重企业、组织行为的自我完善，要注意网络传播沟通的风度，要展现策划创意人员的智慧。

在利用网络进行事件传播时，企业应该安排专门人员把控网络信息的传播，既掌握企业的全面状况，又能巧妙运用网络媒体的特性，还能尊重公众的感情和权利，保护沟通渠道的畅通完整，最终保护企业的自身利益。

新闻的传播是有着非常严格的规律的。当一件事件发生之后，它本身是否具备新闻价值，就决定了它能否以口头形式在一定的人群中进行小范围的传播。只要它具备的新闻价值足够大，那么就一定可以通过适当的途径被新闻媒体发现，然后以成型新闻的形式来向公众发布。新闻媒体有着完整的操作流程，每一个媒体都有专门搜寻新闻的专业人员，所以，只要一件事情真正具备了新闻价值，它就具有了成为新闻的潜在能量。

（二）事件营销的策略

1. 名人策略

名人可以是歌曲界、影视界、体育界和文化界的，这些就看企业的需求、资源和时机了。需求是企业铁定的要求，一般不能轻易更改，资源主要看策划的时候能找到哪些名人，时机就看当时所处的环境和态势，三者合一，筛选出最终方案。

事实上，名人是社会发展的需要与大众主观愿望相交合而产生的客观存在。利用名人的知名度，能加大产品的附加值。如章子怡成为可口可乐的品牌代言人后，为了扩大效果，可口可乐选择北京郊区的一家艺术俱乐部举行了别开生面的新闻发布会，现场被布置成广告片的拍摄现场，邀请60多家内地及港澳台媒体参加，以广告片的模拟拍摄为开场，引起现场记者极大兴趣。

2. 体育策略

体育赛事是品牌最好的新闻载体，体育背后蕴藏着无限商机，已被很多企业意识到并投入其间。比如，世界杯期间炒得沸沸扬扬的"米卢现象"。像可口可乐、三星等国际性企业都是借助体育进行深度新闻传播的。而中小型企业也可以做一些区域性的体育活动，或者国际赛事的区域性活动，例如，"迎奥运xx长跑"等手法，都是常见的。

3. 实事策略

实事策略就是通过一些突然的、特定发生的事件进行一些特定的活动，在活动中达到企业的目的。实事往往需要有前瞻性，可以提前预知的要提早行动，以便抢占先机；对于突发的事件，更要以迅雷不及掩耳的速度反应。实事基本分为政治事件、自然事件和社会事件。

（三）事件营销的切入点

事件营销的切入点归结为三类，即公益、聚焦和危机。这三类事件都是消费者关心的，因而具备较高的新闻价值、传播价值和社会影响力。

1. 支持公益活动

公益切入点是指企业通过对公益活动的支持引起人们的广泛注意，树立良好企业形象，增强消费者对企业品牌的认知度和美誉度。随着社会的进步，人们对公益事件越来越关注，因此，对公益活动的支持，也越来越体现出巨大的广告价值。

2. "搭车"聚焦事件

这里的聚焦事件是指消费者广泛关注的热点事件。企业可以及时抓住聚焦事件，结合企业的传播或销售目的，展开新闻"搭车"、广告投放和主题公关等一系列营销活动。随着硬性广告宣传推广公信力的不断下降，很多企业转向了公信力较强的新闻媒体，开发了包括新闻报道在内的多种形式的软性宣传推广手段。

在聚焦事件里，体育事件是企业进行营销活动的一个很重要的切入点。

企业可以通过发布赞助信息、联合运动员举办公益活动、利用比赛结果的未知性举办竞猜活动等各种手段制造新闻事件。

由于公众对体育竞赛和运动员感兴趣，他们通常会关注参与其中的企业品牌。同时，公众对自己支持的体育队和运动员很容易表现出比较一致的情感。企业一旦抓住这种情感，并且参与其中，就很容易争取到这部分公众的支持。

3. 危机公关

企业处于变幻莫测的商业环境中，时刻面临着不可预知的风险。如果能够进行有效的危机公关，那么这些危机事件非但不会危害企业，反而会带来意想不到的广告效果。

一般说来，企业面临的危机主要来自两个方面：社会危机和企业自身的危机。社会危机指危害社会安全和人类生存的重大突发性事件，如自然灾害、疾病等。企业自身的危机是因管理不善、同业竞争或外界特殊事件等因素给企业带来的生存危机。

据此，我们将企业的危机公关分为两种：社会危机公关和自身危机公关。

当社会发生重大危机时，企业可以通过对公益的支持来树立良好的社会形象，这一点前面已讨论过。另一方面，社会危机会给某些特定的企业带来特定的广告宣传机会。生产家庭卫生用品的威露士在"非典"期间大力宣传良好卫生习惯的重要性，逐渐改变了人们不爱使用洗手液的消费观念，一举打开了洗手液市场。

针对自身的危机，企业必须及时采取一系列自救行动，以消除影响，恢复形象。企业在面对这类危机时，应采取诚实的态度面对媒体和公众，让公众知道真实的情况。这样才能挽回企业的信誉，将企业损失降至最低，甚至化被动为主动，借势造势，进一步宣传和塑造企业形象。

通过危机公关达到广告效果的案例并不鲜见，但是行业特征决定了通信企业很少会面临品牌或信誉方面的危机。尽管如此，通信企业仍应该强化危机防范意识，确保在危机发生的第一时间占据主动地位，将有害的"危"转化为营销的"机"。

（四）事件营销的运用

事件营销的第一招就是分析自己企业和产品的定位，看自己是否具有足够的新闻价值。

假如你的企业可以充分引起公众的好奇，那么你就必须注意了。因为你的所有举动都有可能成为新闻。当然，你运作事件营销并取得成功的机会也会比别人大得多。如果一个企业想要进行事件营销，它首要的工作就是分析：①你的企业本身足够引起媒介的关注吗？②你的企业是否代表了某个领域，且这个领域与新闻媒介关注的方向保持一致？

如果上述两个问题的答案是肯定的，那么，你的企业进行事件营销绝对是轻而易举。无论你的企业做什么，只要通过合适的媒介把消息发布出去，策划就可以成功了。

（五）事件营销的关键点

1. 事件营销要与企业形象保持一致

对于大企业而言，很容易犯的一个错误就是，因为制造一个事件成为新闻太过简单，所以在进行公关策划时往往会忽略是否符合自己的根本形象，往往会单纯为了造新闻而造新闻。

2. 大企业必须谨小慎微

一个企业或者产品只要出名了，总是容易吸引记者的目光。因为需要通过采写稿件完成自己工作的记者都清楚，大企业或大产品容易出新闻。

但我们必须反过来再思考一次。对一个非常美好的事物而言，发生在它身上的最大的新闻是什么呢？就是它并不美好。同样，对一个非常有名气的企业或产品而言，最大的新闻是什么呢？就是这个企业或产品名不副实。

3. 有选择地向媒体透露信息

企业公关事务中很重要的一个工作，就是与媒体保持良好的信息沟通。因为从新闻的角度来讲，一个大的企业，它所掌握的数字或者它所创造的数字，往往就是广大的人群所希望知道的，同时也具有新闻的价值。而如果一个企业能够经常性地出现在媒体上时，人们对它的信任程度也会更高。尤其是在媒体和读者都把你当作某个行业的代表时，更是如此。

三、博客营销

博客营销是通过博客网站或博客论坛接触博客作者和浏览者，利用博客作者个人的知识、兴趣和生活体验等，传播商品信息的营销活动。

要了解什么是博客营销，首先要知道什么是博客。

博客，最初的名称是 Weblog，由 web 和 blog 两个单词组成，英文单词为 BLOG（WEBLOG 的缩写），按字面意思理解就是网络日记。后来喜欢新名词的人把这个词的发音故意改了一下，读成 we blog。由此，blog 这个词被创造了出来。博客这种网络日记的内容通常是公开的，自己可以发表自己的网络日记，也可以阅读别人的网络日记，因此，博客可以理解为一种个人思想、观点、知识等在互联网上的共享。

由此可见,博客具有知识性、自主性、共享性等基本特征,正是这些特征决定了博客营销是一种基于包括思想、体验等表现形式的个人知识资源,它通过网络形式传递信息。

博客营销是利用博客这种网络应用形式开展网络营销的工具。公司、企业或者个人利用博客这种网络交互性平台,发布并更新企业、公司或个人的相关概况及信息,并且密切关注并及时回复平台上客户对企业或个人的相关疑问及咨询,同时通过较强的博客平台帮助企业或公司零成本获得搜索引擎的较前排位,以达到宣传目的。

真正的博客营销是靠原创的、专业化的内容吸引读者,培养一批忠实的读者,在读者群中建设信任度、权威度,形成个人品牌,进而影响读者的思维和购买决定。成功博客的前提条件:博主必须对某个领域知识深入学习、掌握并有效利用。

（一）博客营销的模式

1. 在博客网站上做广告

在博客世界,标准的、口号式的广告,就仿佛是鸡尾酒会上的大声叫唤。广告的设计要把博客考虑进去,要让博客成为广告对话的一部分。

2. 发表专业文章

作为专业文章的主角——产品,一定要有一个知识点,用来和公众沟通,并树立权威感。

3. 打造博客团队

通过公关公司发布博客日记,来影响主流媒体的报道。

4. 监刘博客网站

通过监测博客网站,及时发觉当前谈论最多的公司或时下民众最关注的话题,为潜在的危机公关做好准备。

（二）博客的写作技巧

1. 产品功能故事化

博客营销文章要学会写故事,更要学会把自己的产品功能写到故事中去,通过一些生动的故事情节,自然地让产品功能自己说话。

2. 产品形象情节化

当我们宣传自己的产品时,总会喊一些口号,这样做虽然也能达到一定效果,但总不能使其深入人心,打动客户,感动客户。因此,最好的方法就是把你对产品的赞美情节化,让人们通过感人的情节来感知、认知产品。这样客户记住了瞬间的情节，也就记住了产品。

3. 行业问题热点化

在我们的博客文章写作过程中，一定要抓行业的热点。不断地提出热点，才能引起客户的关注，也才能通过行业的比较，显示出自己产品的优势。要做到这些，也就要求博文的作者要和打仗一样，知己知彼，百战不殆。

4. 产品发展演义化

博客营销文章要赋予产品以生命，从不同的角度、不同的层次来展示产品，可以以拟人的形式进行诉说，也可以是童话，可以无厘头，可以幽默，等等。越有创意的写法，越能让读者耳目一新，也就越是记忆深刻。

5. 产品博文系列化

这一点非常重要。

博客营销不是立竿见影的电子商务营销工具，需要长时间的坚持不懈。因此，在产品的博文写作中，一定要坚持系列化，就像电视连续剧一样，不断有故事的发展，还要有高潮，这样产品的博文影响力才会大。

6. 博文字数精短化

博文不同于传统媒体的文章，既要论点明确、论据充分，又要短小耐读；既要情节丰富、感人至深，又要不花太多的时间。所以，一篇博文最好不要超过 1000 字，坚持短小精干是博客营销的重要法则。

7. 博文内容务实化

博文既要体现其新闻价值，更重要的还是要体现实用性，切忌虚假、浮夸。

人们喜欢滑稽的东西，但如果不是专业的，他们不会订阅你的博客。人们订阅或者经常看你博客的主要原因是博文的内容对他们的日常工作生活有实用价值，这样客户才会不断地来访问博客。

8. 博文叙述个性化

在一般的出版物中，惯例是保持作者中立。但博客不同，你就是你，带着千万个偏见，要以第一人称来表达观点，越表达出自己的观点越好。

网上有上百万的博主，很难做到很特别，除非你写出了独一无二的内容，那就是你自己，体现了博客的个性化。这可能是博客写作与其他写作的最大区别。

9. 博文编辑严谨化

满篇错别字，排版不工整，会很令人厌恶。和其他写作不同，写博客需要自己校对，认真地逐字、逐句校对，甚至重写。

（三）博客营销的定位

1. 目标定位

首先需要考虑做博客营销的最终目的。是为了提升品牌形象，还是为了增加产品曝光度？是企业型的博客，还是私人身份的博客？

还要定位博客的目标读者是谁。是潜在客户、目标客户，还是大众读者？

2. 内容定位

在博客内容上，首先应该考虑宽度与深度两个方面。宽度就是指内容的涵盖范围；深度就是指博客的专业程度。这两点既是可区分的又是互相涵盖的。

例如，做皮肤过敏的专业博客，其中又包含有宽度内容：皮肤过敏治疗方法、皮肤过敏日常护理、皮肤过敏原因、皮肤过敏症状。

在做博客之前必须定位好博客的内容，到底是大杂烩类型的，还是在某一领域宽度专业类型的。

如果是大杂烩类型，最大特点就是转化率不高，所以最重要的一点就是要具有相当旺的人气。

而专业类型的博客，特点就是受众人群少，但转化率高，吸引的都是潜在的客户人群，这就需要博主具有专业知识，内容一定要具有可信度，才能吸引潜在的客户人群转化为实际的顾客。

3. 博主定位

这里指的是博主身份的定位。需要根据前两点来确定：你是一个企业的专家身份，还是纯私人的身份，还是介于两者之间？

（四）博客营销的优势

1. 细分程度高，广告定句准确

博客是个人网上出版物，拥有其个性化的分类属性，因而，每个博客都有其不同的受众群体，其读者也往往是一群特定的人。博客的细分程度远远超过了其他形式的媒体。而细分程度越高，广告的定向性就越准。

2. 互动传播性强，信任程度高，口碑效应好

博客在我们的广告营销环节中同时扮演了两个角色，既是媒体（blog），又是人（blogger），既是广播式的传播渠道，又是受众群体，能够很好地把媒体传播和人际传播结合起来，通过博客与博客之间的网状联系扩散开去，放大传播效应。

每个博客都拥有一个相同兴趣爱好的博客圈子，而且在这个圈子内部，博客之间的相互影响力很大，可信程度相对较高，朋友之间互动传播性也非常强，因此，可创造的口碑效应和品牌价值非常大。虽然单个博客的流量绝

对值不一定很大，但是受众群明确，针对性非常强，单位受众的广告价值自然就比较高，所能创造的品牌价值远非传统方式的广告所能比拟。

3. 影响力大，引导网络舆论潮流

"芮成钢评论星巴克""DELL 笔记本"等多起博客门的陆续发生，证实了博客作为高端人群所形成的评论意见，影响面和影响力度越来越大，博客渐渐成为网民们的"意见领袖"，引导着网民舆论潮流，他们所发表的评价和意见，会在极短时间内，在互联网上迅速传播开来，对企业品牌造成巨大影响。

4. 大大降低传播成本

博客营销的成本比面对大众人群的其他营销形式要低得多，且结果也往往能事半功倍。

如果企业在营销产品的过程中能巧妙地利用博客的作用，必定会达到很多常规广告所不能达到的效果。例如，博客规模盈利和传统行业营销方式创新，都是现下社会热点议题之一，因而，广告客户通过博客营销，不仅可以获得显著的广告效果，而且会因大胆利用互联网新媒体进行营销创新，而吸引更大范围的社会人群、营销业界的高度关注，引发各大媒体的热点报道，这种广告效果必将远远大于单纯的广告投入。

5. 有利于长远利益和培育忠实用户

在一些拥有大量用户群体的博客托管网站上发布有价值的博文，能吸引大量潜在用户浏览，激励早期用户向他人推荐产品，劝服他人购买产品。最后，随着满意顾客的增多，会出现更多的"信息播种机""意见领袖"，企业赢得良好口碑，长远利益也就得到保证。

6. 博客的网络营销价值得到体现

通过博客文章为企业网站做链接，能增加企业网站或产品说明的链接数量。同时，由于博客网站对搜索引擎的友好性好，通过博客内容来新增搜索引擎信息收录量，用户可比较方便地通过搜索引擎发现企业博客内容，从而直接带来潜在用户的可能性迅速增大。博客浏览者可以通过博客直接评论博客文章的内容，从而使博客网站成为互相交流的平台，同时可以通过在线调查等方式对用户进行行为研究，从而降低调查研究成本。博客让营销人员从被动的媒体依赖转向自主发布信息，使传播在相当长的时间里得以继续不间断延展，而不仅仅局限于当期的传播主题活动。

（五）博客营销对企业的帮助

1. 博客可以直接带来潜在用户

博客内容发布在博客托管网站上，这些网站往往拥有大量的用户群体，有价值的博客内容会吸引大量潜在用户浏览,从而达到向潜在用户传递营销信息的目的。用这种方式开展网络营销,是博客营销的基本形式,也是博客营销最直接的价值表现。

2. 博客营销的价值体现在降低网站推广费用方面

网站推广是企业网络营销工作的基本内容,大量的企业网站建成之后都缺乏有效的推广措施,因而网站访问量过低,降低了网站的实际价值。通过博客的方式,在博客内容中适当加入企业网站的信息(如某项热门产品的链接、在线优惠券下载网址链接等),可达到网站推广的目的。这样的博客推广也是极低成本的网站推广方法,降低了一般付费推广的费用,或者在不增加网站推广费用的情况下,提升了网站的访问量。

3. 博客文章内容为用户通过搜索引等获取信息提供了机会

多渠道信息传递是网络营销取得成效的保证,通过博客文章,可以增加用户通过搜索引擎发现企业信息的机会。其主要原因在于,一般来说,访问量较大的博客网站比一般企业网站的搜索引擎友好性更好,用户可以比较方便地通过搜索引擎发现这些博客内容。搜索引擎具有可见性,也就是让尽可能多的网页被主要搜索引擎收录,并且当用户利用相关的关键词进行检索时,这些网页出现的位置和摘要信息更容易引起用户的注意,从而达到利用搜索引擎推广网站的目的。

4. 博客文章可以方便地增加企业网站的链接数量

获得其他相关网站的链接是一种常用的网站推广方式,但是当一个企业网站知名度不高且访问量较低时,往往很难找到有价值的网站给自己链接。而在自己的博客文章中为该公司的网站做链接,则是顺理成章的事情。拥有博客文章发布的资格,增加了网站链接的主动性和灵活性,这样不仅可能为网站带来新的访问量,也增加了网站在搜索引擎排名中的优势,因为一些主要搜索引擎如 google 等,把一个网站被其他网站链接的数量和质量也作为计算其排名的因素之一。

5. 博客能实现以更低的成本对读者行为进行调查

当博客内容比较受欢迎时,博客网站也成为与用户交流的场所,有什么问题可以在博客文章中提出,读者可以发表评论,从而可以了解读者对博客文章内容的看法,作者也可以回复读者的评论。当然,也可以在博客文章中设置在线调查表的链接,便于有兴趣的读者参与调查,这样就扩大了网站上在线调查表的投放范围,同时可以直接就调查中的问题与读者进行交流,使得在线调查更有交互性,其结果是提高了在线调查的效果,也就意味着降低了调查研究费用。

6. 博客是建立权威网站品牌效应的理想途径之一

如果想成为某一领域的专家，最好的方法之一，就是建立自己的博客。如果你坚持不懈地写博客文章，你所营造的信息资源将为你带来可观的访问量。在这些信息资源中，也包括你收集的各种有价值的文章、网站链接、实用工具等。这些资源为自己持续不断地写作更多的文章提供了很好的帮助，由此形成良性循环。这种资源的积累实际上并不需要多少投入，但其回报却是可观的。企业博客也是同样的道理，只要坚持对某一领域的深度研究，并加强与用户的多层面交流。

7. 博客降低了被竞争者超越的潜在损失

博客在全球范围内成为热门词汇之后，不仅参与博客写作的用户数量快速增长，浏览博客网站内容的互联网用户数量也在急剧增加。在博客方面所花费的时间成本，实际上已经从其他方面节省的费用中补偿，比如为博客网站所写作的内容，同样可以用于企业网站内容的更新，或者发布在其他具有营销价值的媒体上。反之，如果因为没有博客而被竞争者超越，那种损失将是不可估量的。

8. 博客让营销人员从被动的媒体依赖转句自主发布信息

在传统的营销模式下，企业往往需要依赖媒体来发布企业信息，不仅受到较大局限，而且费用相对较高。当营销人员拥有自己的博客园地之后，就可以随时发布所有你希望发布的信息，只要这些信息没有违反国家法律，并且对用户是有价值的。

博客的出现，给市场人员的营销观念和营销方式带来了重大转变，每个企业、每个人都有在博客上自由发布信息的权利。如何有效地利用这一权利为企业营销战略服务，则取决于市场人员的知识背景和对博客营销的应用能力等因素。

四、微信营销

（一）微信简介

微信是腾讯公司于2011年1月21日推出的一个为智能终端提供即时通信服务的免费应用程序，是通过网络快速发送免费语音短信、视频、图片和文字等信息的聊天工具，同时，也是具有"摇一摇""漂流瓶""朋友圈""公众平台""二维码扫描""微信支付"等服务插件的社交工具。官方数据显示，目前微信是一个超过8亿人使用的手机应用，2016年9月统计，微信每天活跃用户高达7.68亿，除此之外，无论是从整体使用频率还是使用时长看，微信的用户黏性都表现得非常强大。微信融合了通信及社交的特点，表现出在移动互联网中的独特性。微信支持传送即时语音消息、视频、图片、表情、文字等多种信息表现形式；支持多人群聊；支持 LBS（基于位置的服务），可以寻找当前位置附近正在使用微信的人；支持腾讯其他产品如空间、邮箱、漂流瓶等插件功能。

（二）微信营销的定义及特点

微信营销即在以安卓系统、苹果系统的手机或者平板电脑中的移动客户端进行的区域定位营销，商家通过微信公众平台，展示商家微官网、微会员、微推送、微支付、微活动，形成的线上线下微信互动营销方式。其营销特点表现如下：

1. 实现点对点精准营销

微信拥有庞大的用户群，且用户之间通过社交形成一定的交际圈，这本身让使用者体现出了分群的特点。同时借助移动终端、位置定位、自主订阅公众号等优势，将每个人的兴趣爱好进行了精准的分类，继而为商家实现点对点精准化营销提供了基础。

2. 形式灵活多样

企业可以采用包括漂流瓶、位置签名、二维码、开放平台、公众平台内容的推送、小程序、微信广告等多种形式进行企业品牌及产品的宣传，提升营销推广效果。

3. 强关系的机遇

微信的点对点产品形态注定了其能够通过互动方式将普通关系发展成强关系，从而产生更大的营销价值。

（三）微信营销的形式

微信活跃用户有 7.68 亿，巨大的用户群体，就像一座巨大的富矿，引来众多淘金者。具体而言，在微信平台上，企业常用的新媒体工具和资源包括以下几种：

1. 漂流瓶

漂流瓶最初是在腾讯邮箱中的一款应用，使用方式是用户将信息放入瓶子后抛出，其他用户主动捞起得到信息并进行回复和传播，是随机推送信息的一种方式。这一应用在微信产生后引入微信，而且有部分企业已经通过漂流瓶的方式开展了营销活动。微信官方可以通过对漂流瓶参数的更改，使得合作商家在漂流瓶活动推广期间抛出的瓶子和捞到瓶子的用户增加，加上摇一摇、小游戏等形式的配合，可以增加用户的参与度，达到营销效果。

由于漂流瓶是随机的信息推送，所以漂流瓶营销活动的目的不强。此外，由于漂流瓶使用简单，很多用户出于排遣无聊的目的，所发内容可能不符合用户的需求，进而产生厌恶之情，漂流瓶的营销可能会受到一定影响。

2. 位置签名

腾讯提供基于位置的服务，并推出了相应的产品"附近的人"或"摇一摇"等多功能，配合微信"签名栏"的产品功能，营销商家将签名栏修改为广告或者促销信息，当用户通过"查找附近的人"进行搜索时，附近的商店信息就会发送给用户。但此方式覆盖人群少，营销效果有限。

3. 二维码

用户可以通过扫描识别二维码身份来添加朋友、关注企业账号；企业则可以设定自己品牌的二维码，用折扣和优惠来吸引用户关注，开拓O2O的营销模式。由于在很多情况下，用户扫码行为都是因为和商家进行了一定的接触后主动的行为，所以所得用户均为精准用户。进行产品推广时，在分析用户的基础上，结合营销目的，有针对性地进行诱导性消费，从而通过多次互动培养用户忠诚度。

4. 公众平台

微信公众平台，是给个人、企业和组织提供业务服务与用户管理能力的全新服务平台。就个人用户来说，微信公众号最大的特点是无门槛，通过微信号打造自己的微信公众号，可以就自己感兴趣的话题发表优质的内容、观点，从而吸引其他用户的关注，为自媒体营销活动提供基础。就企业和组织而言，可以通过微信公众平台，提升企业的服务意识，在微信公众平台上，企业可以更好地提供服务，如商家通过申请服务号，展示商家微官网，提供售后、促销活动信息等，已经形成了一种主流的线上线下微信互动营销方式。

5. 开放平台

通过微信开放平台，应用开发者可以接入第三方应用，还可以将应用的Logo放入微信附件栏，使用户可以方便地在会话中调用第三方应用进行内容选择与分享。如美丽说的用户可以将自己在美丽说中的内容分享到微信中，可以使一件美丽说的商品得到不断的传播，进而实现口碑营销。

（四）微信公众平台账号类型

目前，微信公众平台包括服务号、订阅号、小程序和企业号。

1. 服务号

服务号为企业和组织提供更强大的业务服务与用户管理能力，主要偏向服务类交互，功能类似12315、114、银行；主要适用人群为媒体、企业、政府或其他组织。服务号的群发次数为1个自然月内可发送4条群发消息。

2. 订阅号

为媒体和个人提供一种新的信息传播方式，主要功能是在微信侧给用户传达资讯，功能类似报纸杂志，提供新闻信息或娱乐趣事。订阅号适用人群为个人、媒体、企业、政府或其他组织。其群发次数为 1 天内可群发 1 条消息。

服务号与订阅号的区别如下：

（1）如果想简单地发送消息，达到宣传效果，建议可选择订阅号；

（2）如果想进行商品销售，进行商品售卖，建议可申请服务号；

（3）订阅号可通过微信认证资质审核通过后有一次升级为服务号的入口，升级成功后类型不可再变；

（4）服务号不可变更成订阅号。

3. 小程序

小程序是一种新的开放能力，开发者可以快速地开发一个小程序。小程序可以在微信内被便捷地获取和传播，同时具有出色的使用体验，是一种不需要下载安装即可使用的应用，它实现了应用"触手可及"的梦想，用户扫一扫或搜一下即可打开应用，也体现了"用完即走"的理念，用户不用关心是否安装太多应用的问题。应用将无处不在，随时可用，但又无须安装卸载。其适用人群为企业、政府、媒体及其他组织。

4. 企业号

企业号主要用于公司内部通信，需要先验证身份才可以关注成功。企业号可以高效地帮助政府、企业及组织构建自己独有的生态系统，随时随地地连接员工、上下游合作伙伴及内部系统和应用，实现业务及管理互联网化。

（1）连接人与组织

通信录可灵活地管理组织架构，连接员工和上下游；企业级的权限体系可支持层层授权的管理模式。

（2）连接微信能力

帮助用户构建基于微信的线上业务，通过扫一扫、摇一摇、支付和卡券打通线上线下，实现新的融合场景。

（3）连接内部系统

企业号可作为移动应用入口，通过统一的身份认证，方便地连接内部系统和应用，消除信息孤岛。

（4）连接第三方应用

企业号的开放生态吸引了大量 Saas 服务商和定制化服务商，用户可以方便地选择第三方应用和服务。

五、微博营销

（一）微博的特点

微博，即微型博客（MicroBlog）的简称，也是博客的一种，是一种通过关注机制分享简短实时信息的广播式社交网络平台，微博主要基于用户关系进行信息的分享、传播以及获取。相对于博客而言，其更注重时效性和随意性，能表达出人们每时每刻的思想和最新动态。

最早也是最著名的微博是美国Twitter，成为国内企业效仿的对象。随着搜狐、网易、腾讯退出微博业务，目前微博用户逐渐向新浪微博迁移和集中，市场集中化程度进一步提高。同时，用户的上网习惯日益细分化，对不同网络应用的需求也进一步明确。以微博为代表的社交网络，已经与即时通信类产品建立起了比较明确的类型区隔。微博的传播效果得到客户市场和用户市场的认可，成为社交网络中最重要的营销传播平台之一。

其特点主要包括：

1. 便捷性

微博提供了这样一个平台，用户既可以作为观众，在微博上浏览自己感兴趣的信息；也可以作为发布者，在微博上发布内容供别人浏览。发布的文字内容一般较短，无具体格式要求，也可以发布图片、分享视频等。微博最大的特点就是发布信息快速，信息传播的速度快。

2. 背对脸

微博是背对脸的交流，可以一点对多点，也可以点对点。微博上的粉丝数量和用户关注的微博数量并不是一对一的关系，所以只需要关注自己感兴趣的微博、话题并就此发表自己的看法，不需要像微信一样互加好友才能进行社交关系的培养。移动终端提供的便利性和多媒体化，使得微博用户体验的黏性越来越强。

3. 原创性

相对于博客来说，微博对用户的技术要求门槛很低，而且在语言的编排组织上，没有博客那么高。移动设备的发展，为微博的便捷化提供了基础，如一些突发事件，如果用户在事发现场，就可以在微博上发表，其实时性、现场感以及快捷性，甚至超过所有媒体。网络上众多资讯信息、热点解读、悠闲旅游、幽默搞笑的段子都来自微博用户的原创内容。

4. 大众性

微博拥有天然的大众性，其用户大部分为普通民众，报道的都是他们身边的人和事，流露的都是他们的真情实感，很容易引起广大受众的共鸣。这种信息传播的方式门槛很低，不需要传播者具备较高的专业素养甚至独特的新闻视角，对新闻敏感、思想深刻性也没有过高的要求，传播的信息大多取材于生活，隐匿于口语化的语言表述中。它没有传统媒体的深度，但以其自身的广度契合了现代人的生活节奏和习惯，提供了更多的信息素材，成为传播网络中一个不可或缺的信息点。

（二）微博营销的定义

根据最新发布的《2016 微博用户发展报告》，目前，30 岁以下青年群体在微博用户中占比 80% 以上，二、三线城市用户已占据微博整体用户的半壁江山，四线及以下用户占比也达到 30%。他们的关注重点与微博能提供的娱乐、网红和社会新闻等内容契合。

中国互联网络信息中心（CNNIC）在第 39 次全国互联网发展统计报告中也指出，作为社交媒体，得益于名人明星、网红及媒体内容生态的建立与不断强化，以及在短视频和移动直播上的深入布局，微博用户使用率持续回升达 37.1%。而在 2015 年，这一数据还仅为 33.5%。在用户规模快速增长与内容生态持续完善的基础上，微博的商业化也迎来了爆发。

微博营销是指通过微博平台为商家、个人等创造价值而执行的一种营销方式，也是指商家或个人通过微博平台发现并满足用户的各类需求的商业行为方式。相对于其他营销模式而言，微博营销更加注重价值的传递、内容的互动、系统的布局、准确的定位。

（三）微博营销的优缺点

1. 微博营销的优点

（1）操作简单、方便

微博的应用非常简单，基于微博自身的特点，相应地考虑到用户行为模式，一键转发、评论较为方便，并且每一条微博的内容都比较精炼，符合互联网时代碎片化的特点，能够让用户在短时间内关注到焦点事件。

（2）应用体验好

微博营销过程中注重创意，创意内容中往往需要利用文字、图片、声音、视频等多种形式。企业或者营销者可以利用多种展现形式对产品进行描述，让创意更加生动、更加有内容，从而使潜在消费者更加容易接受信息，防止出现审美疲劳，利于用户阅读以及体验。

（3）用户互动性强

微博用户群体比较广泛，企业通过对粉丝的积累，能够有效利用众多粉丝的关注进行病毒式传播，不断提高影响力。不仅如此，企业与企业之间，企业与名人明星之间同样能够进行合作，这样产生的效益更大、更为突出，会获得更多微博用户的关注以及更广泛的传播。由于互动方式多样，关注、点赞、转发、评论等功能为信息的传播提供了丰富的渠道。

（4）精准性高

微博信息获取具有很强的自主性、选择性，用户可以根据自己的兴趣偏好，依据对方发布内容的类别与质量，来选择是否"关注"某用户，并可以对所有"关注"的用户群进行分类，为企业进行精准性的营销提供基础。

2. 微博营销的缺点

（1）需要一定的用户基础

微博营销需要考虑自身企业能否得到更多人群的关注，产品促销中需要有足够的粉丝才能够达到预期的传播效果，对于没有任何知名度和人气的企业来说，微博营销门槛相对较高，需要一步一步奠定基础，首先需要通过一定的方式提高微博的关注度，获得更多的用户关注。在此基础上，才能开展营销活动。

（2）推广博文容易被错过

每一个微博用户都会关注上百个不同的微博，而这些微博都会在一定的时间段更新内容，新内容产生的速度太快，很容易被覆盖，这样会造成企业发布的信息容易被粉丝错过，并埋没在海量的信息中，即使有创意的主题，也不会得到更多关注以及传播。

（3）营销信任度较低

由于微博是一个开放的平台，所以对于内容的要求相对较低，这就导致了很多微博账号在营销过程中不注重原创，而往往进行抄袭和伪原创。从长期来看，已经影响到微博生态圈的优化，部分用户对微博的信赖度降低，对营销的手段不予以认可，导致了微博营销信任度降低。所以在微博营销的过程中，是否注重原创内容，是微博营销能达到良性发展的基础所在。

（四）微博营销的应用

1. 新浪微博简介

新浪微博是一款为大众提供娱乐休闲生活服务的信息分享和交流平台。自2009年9月推出以来，发展至今已经成为社交媒体的典型代表，且在国内微博产品中一家独大。新浪微博具有"资讯+社交"的双重特质。一方面，提供的信息资讯具有传播快、来源广、多角度等特征；另一方面又为用户提供了关注名人动向、与亲友保持联系、获取商家优惠信息、打造个人品牌等社交功能。因此，新浪微博已经成为用户日常获取信息和社交的主要渠道，这一点在移动端表现得尤为明显。

2017年2月，新浪微博公布了截至2016年12月31日的第四季度及全年未经审计的财务报告。报告显示：2016年12月的新浪微博月活跃用户数（MAU）较上年同期增长33%，至3.13亿，其中90%为移动端用户。2016年12月的日均活跃用户数（DAU）较上年同期增长30%，至1.39亿。新浪董事长兼CEO、微博董事长曹国伟表示，微博已经证明了自己的社交平台价值，凭借强大的网络效应以及不断巩固的内容生态系统，微博正在互联网空间内构建一个更为互通、资讯丰富和更具吸引力的社交群体。

2. 新浪微博的营销产品

（1）粉丝头条

粉丝头条是新浪微博推出的一款轻量级的营销工具。使用粉丝头条后，所选的微博将在24小时内出现在所有粉丝或者潜在粉丝的顶部、靠近顶部的位置，增加微博的阅读量、扩大微博的影响力。一次"粉条"推广对同一用户只会显示一次，用户看到信息后，再次刷新时，该条微博不会继续置顶，会随正常信息流滚动，不会对粉丝产生干扰情况。目前粉丝头条的产品有：

①博文头条：微博推广的利器，可以使微博置顶在粉丝的信息流首位，不仅可以展示给粉丝，而且可以通过人群定向、兴趣定向、指定账号等精准投放给除粉丝以外的更多用户。还可以使用帮上头条，帮把其他用户的某条微博推广到其粉丝信息流第一条。

②账号头条：新浪微博官方推出的账号推荐工具，它通过精准的算法把某个账号推荐给最有可能关注用户，切实有效地提升真实粉丝数。

（2）粉丝通

"粉丝通"是基于新浪微博海量的用户，把推广信息广泛传递给粉丝和潜在粉丝的广告产品。广告主可以根据用户属性和社交关系将信息精准地投放给目标人群。推广信息包括博文推广及应用推广。同时微博"粉丝通"也具有普通微博的全部功能，如转发、评论、收藏、赞等，可实现广告的二次传播，从而大幅提高广告转化率。

"粉丝通"可以进行博文推广、账号推广和应用推广。

①博文推广：将精彩创意推送到目标用户显著位置，大幅提升博文的互动量。

②账号推广：将账号推荐给潜在粉丝，实现关注转化，积累高质量的社交资产。

③应用推广：APP应用开启客户端定位推广，实现推荐应用直接下载安装。

"粉丝通"的推广步骤如下：

①创建新广告组。创建一条微博创意或选取已有微博。微博创意在推广前会根据广告法要求进行文案审核。

②设置定向条件。选择性别、年龄、地域等用户属性。使用用户兴趣或指定账号相似粉丝等功能，更加准确地锁定投放人群。设置出价和消耗日上限。

③出价与扣费。可以根据自己的心理价位进行出价，系统会根据用户实际投放情况进行扣费。粉丝通的投放和消耗是由客户自己控制的，客户可以设置每日消耗上限。

粉丝通提供 CPM 与 CPE 两种计费模式。CPM 即按照微博在用户信息流中曝光人次进行计费；CPE 即按照微博在用户信息流中发生的有效互动（互动包括转发、点击链接、加关注、收藏、赞）进行计费。粉丝通的底价为 CPE0.5 元，最小加价为 0.01 元。CPM 底价为 5 元/1000 人次，最小加价为 0.1 元。

④查看效果。消耗数据实时显示，计划数据每小时更新一次，广告组数据每天更新一次。粉丝通是实时竞价产品，用户在开始投放后，可以密切关注数据，以便随时对广告进行调整。

（3）微任务

微任务是新浪官方唯一自媒体 KOL（关键意见领袖）在线广告交易平台，拥有"搞笑""美食""娱乐""互联网""直播"等多领域微博红人，帮助企业提高官方微博影响力，将微博传递给千万用户。任何微博账号均可以授权"我的微任务"应用，并在通过审核后成为微任务平台中的一员，并将有机会接到有偿信息发布的任务，微博账号可以自由选择执行或拒绝任务。接受任务后，微任务平台将以微博账号的身份在任务指定时间发布任务微博，成功执行任务可以获得相应的任务报酬。

此外，新浪微博还提供抽奖平台、微卡券等微博营销方式。抽奖平台可供使用方对所发微博的转发用户进行抽奖，满足使用方传播营销信息、增加粉丝的需求；微博卡券平台则是为商户提供的卡券销售及推广解决方案，帮助商户在微博内开展优惠促销活动刺激用户消费，利用微博强大的社交网络拓展商家网络品牌和销售。同时针对普通用户来说，新浪微博是本地生活服务类优惠信息的一站式平台，提供销售和推广遍及吃喝玩乐优惠的解决方案。

参考文献

[1] 陈益材. 赢在电子商务网络营销创意与实战 [M]. 北京：机械工业出版社，2016.

[2] 陈雨. 网络营销 [M]. 重庆：重庆大学出版社，2018.

[3] 沈凤池，王伟明. 网络营销 [M]. 北京：北京理工大学出版社，2016.

[4] 马莉婷. 网络营销理论与实践 [M]. 北京：北京理工大学出版社，2017.

[5] 黎长鑫. 网站营销全攻略 [M]. 北京：北京理工大学出版社，2015.

[6] 谢印成，张颖洁. 电子商务与网络营销 [M]. 徐州：中国矿业大学出版社，2010.

[7] 史宝会. 电子商务与网络营销 [M]. 北京：首都经济贸易大学出版社，2008.

[8] 赵海千. 网络营销电子商务专业适用 [M]. 北京：中央广播电视大学出版社，2011.

[9] 舒建武，苗森. 网络营销 [M]. 杭州：浙江工商大学出版社，2017.

[10] 王嘉琦. 农产品电子商务营销模式探析 [J]. 价格月刊，2014(04):58-61.

[11] 乔艳荣. 电子商务与网络营销的关系研究 [J]. 中国市场，2014(09):91-92.

[12] 余海冰. 基于计算机网络营销在电子商务中的应用探析 [J]. 中国商论，2018(09):20-21.

[13] 吴洁. 从消费者卷入程度看电子商务网络营销手段的变迁 [J]. 中国市场，2018(14):152-153.

[14] 史新艳，高凤芹. 电子商务下网络营销的课程改革 [J]. 现代营销，2018(06):188.

[15] 张静. 电子商务与网络营销概念辨析 [J]. 商业时代，2005(33):53-54.

[16] 郑志勇. 浅谈电子商务与网络营销 [J]. 中国外资，2012(08):117-118.

[17] 方小波. 浅谈电子商务对传统营销的影响 [J]. 信息系统工程，2012(07):90-92.

[18] 王珍. 电子商务平台下铁路货运网络营销的分析与研究 [J]. 现代经济信息，2013(04):228.

[19] 单希光, 朴仁鹤. 电子商务与网络营销的关系分析 [J]. 辽宁行政学院学报, 2013(01):173.

[20] 蒋欢, 欧剑锋, 田秀. 电子商务与网络营销策略探讨 [J]. 商场现代化, 2013(11):99.

[21] 王霞. 工商管理学中的电子商务与市场营销 [J]. 电子测试, 2013(13):244-245.

[22] 马明章. 论我国电子商务的网络营销策略 [J]. 商场现代化, 2013(24):117.

[23] 刘宣炜. 基于电子商务的网络营销理论研究 [J]. 财经界(学术版), 2010(02):100-101.

[24] 陈晓雯. 浅论电子商务与网络营销 [J]. 商场现代化, 2010(15):53.

[25] 欧燕群, 聂绍芳. 电子商务与网络营销实验课程教学研究 [J]. 消费导刊, 2009(02):164.

[26] 台飞, 高晓霞. 电子商务与网络营销概念辨析 [J]. 科技风, 2009(11):27.

[27] 苏博. 浅谈电子商务与网络营销 [J]. 品牌(下半月), 2015(08):66.

[28] 郭淑香. 电子商务背景下的企业营销改进策略分析 [J]. 全国商情, 2016(27):10-11.

[29] 于菊珍, 王卫东. 电子商务环境下企业网络营销策略分析 [J]. 经济研究导刊, 2017(02):126.

[30] 陈佳佳. 电子商务环境下的网络营销发展趋势 [J]. 现代营销(下旬刊), 2017(04):45.

[31] 杨凯文, 李瑞强, 张雪莲. 电商环境下传统服装营销模式与网络营销模式的研究 [J]. 改革与开放, 2017(06):20-22.

[32] 蒋培. 电子商务网络营销面临的问题与对策研究 [J]. 赤峰学院学报(自然科学版), 2017(13):101-102.

[33] 赵俊仙. "互联网+" 时代企业营销渠道的选择分析 [J]. 中国市场, 2016(05):24-25.